精进成长

118条
高效工作法则

陈亚明◎著

台海出版社

图书在版编目（CIP）数据

精进成长：118条高效工作法则/陈亚明著 . -- 北京：台海出版社，2022.11
　　ISBN 978-7-5168-3428-2

　　Ⅰ.① 精… Ⅱ.① 陈… Ⅲ.① 职业选择 Ⅳ.① G913.2

中国版本图书馆 CIP 数据核字（2022）第 203134 号

精进成长：118条高效工作法则

著　　者：陈亚明

出 版 人：蔡　旭　　　　　　　　　封面设计：异一设计
责任编辑：魏　敏

出版发行：台海出版社
地　　址：北京市东城区景山东街 20 号　邮政编码：100009
电　　话：010-64041652（发行，邮购）
传　　真：010-84045799（总编室）
网　　址：www.taimeng.org.cn/thcbs/default.htm
E-mail：thcbs@126.com

经　　销：全国各地新华书店
印　　刷：三河市嘉科万达彩色印刷有限公司
本书如有破损、缺页、装订错误，请与本社联系调换

开　　本：880 毫米 × 1230 毫米　1/32
字　　数：170 千字　　　　　印　　张：10
版　　次：2022 年 11 月第 1 版　印　　次：2022 年 12 月第 1 次印刷
书　　号：ISBN 978-7-5168-3428-2

定　　价：59.80 元

序言
PREFACE

　　三十年前，我大学毕业跨入职场。从一名工厂车间技术员起步，先后在国有企业、中美合资公司、地方金融机构、上市银行等多个企业和单位工作。我从初出校门的懵懂少年成为一个中年大叔，事业上也小有成就，成长为一家上市银行分行行长。

　　三十年职场生涯的实践磨炼，加之持续地学习和阅读，使我对职场的感悟不断丰富。为此，我尝试写了人生中的第一本书《团队沟通：从新手到高手》，这本书作为写给团队成员的职场实战手册，出版后得到了一些读者的肯定。他们认为，书中提供的关于团队沟通的常识、能力和思维，给职场人士带来很大帮助。由此，一些读者希望我能从个人经验出发，总结一些职场的规则和技巧给年轻人，帮助他们少走弯路。基于此，才有了这第二本书。

对于大多数人而言，职场生涯是一生中很重要的历程。在这一阶段，大家通过职场打拼来获取报酬、提升才能、成就事业、体验人生。职场是一个庞大的体系，无论是体制内还是体制外，都有其独有的运行机制，职场规则需要大家共同遵守。这些规则有些是有明文规定，比如单位岗位职责、党委会议事规则、作息制度、工作流程等。大家都需要按这些规定去执行，这很容易理解和接受，尤其是对于"职场小白"们。

而有些规则没有明文规定，是大家在日常工作中逐渐约定俗成的，这就是俗称的"潜规则"。提到潜规则，人们常常会联想到职场陋习，但实际上职场潜规则涉及面非常广，内涵非常丰富，有很多潜规则对职场的良性运转发挥着积极作用。由于潜规则依靠职场人口口相传、各自领悟，这使得很多人，尤其是"职场小白"们，难以了解，更谈不上合理运用。有时你不经意间的一个小举动，你自己或许都没当回事，但说不定已经给别人留下一个深刻的印象。我在三十年职场生涯中，也曾多次遇到这样的槛，幸亏常有贵人指点，才让我不断总结、精进成长。为了让更多职场人，尤其是"职场小白"熟悉职场规则，有效避坑，我将日常工作中总结提炼出来的 118 条职场规则整理成册，供大家参考。

需要说明的是，职场规则，尤其是潜规则，不仅涉及面广，而且本身就没有严格定义，属于仁者见仁、智者见智的问题，特别是在不同的场景之下，这些规则的含义和作用也是不一样的，无法固定为一个模式，需要当事人灵活运用。加之笔者对此研究还不够深入，书中难免有不足之处，敬请批评指正。

借此机会，我要感谢自己三十余年职场生涯中众多领导尤其是现单位领导的厚爱和同事们的支持，让我的职场感悟不断丰富；也要感谢台海出版社编辑以及潘孝莉老师的指导，使我时隔一年就再次出版新书；还要感谢萌姐、秋叶大叔、剽悍一只猫以及众多大咖友人的倾情力荐。最后，我要感谢身边的朋友和广大读者，是你们的鼓励一直激励着我，让我有信心把职场心法写出来，与大家分享交流。

营造团队氛围 **PART 04**

赢得上司赞赏 PART **03**

弄懂职场礼仪 PART 02

目录
CONTENTS

学会高效工作 | PART **05**

PART ONE

—

闯过新人难关

01

像 HR 一样做好职场规划

职场金句

- 今天你如果不生活在未来，那么，明天你将生活在过去。
- 要像公司的 HR 一样去主动谋划、确定目标、自我培养、自我成长。
- 能够在普通员工中脱颖而出，跃升为管理层的人，就是那 3% 有清晰目标的人。

有一句话说得好：今天你如果不生活在未来，那么，明天你将生活在过去。职场人走向成功的第一步就是做好对自己未来的规划。

我们知道，职业规划是指个人发展和组织发展相结合，通过对职业生涯的主客观因素进行分析、总结和预测，确定一个人的奋斗目标，并为实现这一目标而预先进行系统性安排的过程。

很多人把职场规划当作人力资源的职责，终其一生也就顺应组织安排，按部就班地工作。实际上，真正要规划职业生涯发展的是当事人自己。我们要像公司的 HR 一样去主动谋划、确定目标、自我培养、自我成长。比如，一个银行分行的管理干部，在零售部负责人岗位上做得比较熟练，成绩也不错。但此时银行高层并不重视零售业务，这个岗位上晋升空间有限，于是这个银行管理干部主动要求同级别调整到支行担任行长。在工作期间，他的个人能力得到充分锻炼，支行考核业绩连年排名靠前，他很快被提拔为分行行长助理。

据调查，职场新人中，27% 的人没有目标，得过且过；60% 的人目标模糊；10% 的人有清晰但比较短期的目标；3% 的人有清晰和长远的目标。最后能够在普通员工中脱颖而出，从普通岗位跃升到管理层的人，就是那 3% 有清晰目标的人。

2021 年，一个 22 岁入职格力半年的女孩，董明珠的秘书孟羽童在网上火了。仅微博热搜的相关内容就高达 3 亿的阅读量。董明珠亲自为她站台，在一场活动中向媒体介绍她并直言："我希望她能在我身边，我要把她培养成第二个董明珠。"这个赞誉实在是太难得，引发网友热议。

对于任何一个职场新人来说，这都是近乎梦幻的开端。没有无缘无故的"天降惊喜"，从孟羽童毕业前到走入职场，我们可以清晰地看到，这是一个对自己的职业生涯有清晰规划的人。她在学校期间，就参加过《一站到底》等益智答题类节目。2021 年 4 月，她参加真实职场的关怀类节目《初入职场的我们》，并获得格力集团的转正名额，一跃成为董明珠的秘书。

当大家都以为她只是一名秘书的时候，她又开始涉足直播带货领域。一个名为"明珠羽童精选"的抖音账号悄然注册，她在抖音、微博、小红书等平台，也迅速圈粉，热度飙升。孟羽童已经是董事长秘书了，还能经常产出内容，可见，孟羽童对自己的定位，不仅仅是老总身边的人，她还要结合自己的特长，做一名带货主播。

难怪有网友如此分析这一事件：董明珠培养孟羽童，培养的不是职位，而是能力；传播的不是个人，而是人设；定位的不是秘书，而是主播。

02

职场新人的第一目标不是赚大钱

职场金句

- 职场新人不要把经济收入作为选择行业和岗位的第一选项。

- 决定你的薪酬的往往不是你个人的能力，而是这个平台的价值。

- 职场起步阶段，在正确的时间进入优秀平台学习，提升自己的综合能力，远比薪酬高低重要得多。

抓住趋势行业还是守住刚需行业？选喜欢的岗位还是选工资高的岗位？是进入机关办公室事少、轻松好一些，还是进入基层一线磨炼自己为好？初入职场，每一个人都会面临这些现实问题，答案也千差万别。

但总的来说，职场新人尽量不要把经济收入作为选择行业和岗位的第一选项。对于职场新人来说，以下两个方面的选择更为重要。

初入职场，选对平台很重要。在如今的社会中，决定你职业薪酬的往往不是你的个人能力，而是这个平台的价值。在正确的时间进入优秀平台学习，提升自己的综合能力，远比薪酬高低重要得多。选对了，你就找到了事业起步的动力，有了飞起来的可能。没选对，你就是推着石头往山上走的"西西弗斯"，不仅累，还可能随时会被山上滚下来的石头给打落。

初入职场，从底层做起才能厚积薄发。据说每一位新员工进入华为公司的时候，华为都会发一份《致新员工书》，其中有这样的致辞："'您想做专家吗？一律从工人做起'，这个理念已经在公司深入人心。进入公司一周以后，博士、硕士、学士以及在其他地方取得的地位均消失，一切凭实际才干定位。""您需要从基层做起，在基层工作中打好基础、展示才干。""公司永远不会提拔一个没有基层经验的人来做高级领导工作。遵照循序渐进的原则，每一个环节、每一级台阶对您的人生都有巨大的意义。"

的确如此，员工只有从最基础的工作开始做起，才会了解并熟悉整个工作环节的流程，进而才会慢慢成长为该领域的专才。

小姜从日本留学回国后，顺利进入一家银行工作。因为小姜的父亲在当地政府担任要职，小姜从入行的第一天开始，就任职资源型客户经理。小姜主要负责地方政府财政性存款的稳存、增存，他每个月总能拿到不菲的工资、奖金。

但是，不久后，小姜就向单位提出了辞职，去了上海的一家日资银行工作，从银行的基础业务开始学起，虽然收入下降了很多，但小姜觉得在新的环境中自己得到了更多的学习和锻炼的机会。经过两年的锻炼，小姜的业务能力更加突出，很快获得了晋升、加薪的机会。

03

找到自己的天赋，明确职场方向

职场金句

● 方向没选对，努力全白费。

● 天赋并不是少数人的专属，每个人都有自己的天赋。

　　优势心理学之父唐纳德·克利夫顿博士于 1998 年出版了一部管理类畅销书《现在，发现你的优势》。在这本书里，唐纳德发表了一项长达 50 年、基于 200 万人的研究成果，那就是：人们成功的根本原因就在于将自身天赋发挥到极致。更重要的是，唐纳德还指出：天赋并不是少数人的专属，每个人都有自己的天赋。

天赋其实就是一个人隐藏的能力，可以让你在同样起点的情况下，更加快速地成长。初入职场的新人，可能对自己的定位还不那么准确，这会影响你职场的发展。俗话说"方向没选对，努力全白费"，那么如何发现自己的天赋呢？你可以问自己四个问题：

- 我是不是对这个领域无比热爱、特别有信心？
- 我还未进入这个领域，是不是已经迫不及待地想要尝试？
- 在这个领域，我是不是一接触就明显比别人进步得要快一些？
- 做完这件事之后，就算感到疲劳和困倦，我是不是依然会有满足感？

根据以上问题，将自己的性格特征、行为习惯、兴趣爱好列出来，你会找到属于你的天赋领域。

前段时间一位来自广西的"乡村野模"——陆仙人火爆社交网络。陆仙人生活在贫困山村，因为热爱走秀，他便以广阔的田间地头为T台，没有服装，他就自己设计，用捡来的塑料袋、编织袋、装饰彩带这些废品，还有农村最常见的树枝、树叶、杂草等，作为服装造型的原材料；

没有经验，他就通过网络视频看维密秀自学走秀，步伐、定点、造型，全凭自己模仿练习。而他也最终因拍出了一系列独特的走秀视频，受到人们的关注。人们评论陆仙人，说他走秀的气质、设计服装的天赋、色彩的搭配体现了过人的天赋。

在陆仙人身上，无比热爱、迫不及待想要尝试、进步比别人快、有强烈的满足感等四个天赋因子都体现得淋漓尽致。所以，他成功了。

04

要有职场心态，而不是学生心态

职场金句

● 要想发展顺利，心态必须端正，学生心态不是职场心态。

● 职场心态是一种主动接受的、为完成自我积累而工作的
  积极心态，是一种精准把握思维纬度和做事经度的心态，
  是一种试图超越量化目标而做到更加完美的心态。

　　从学生时代步入职场，这一阶段是每个人人生的一
个重大转折。但职场不是学校，没有传道授业解惑的老师，
也没有人会心甘情愿地做你的老师。在职场上，要想发
展顺利，心态必须端正，学生心态不是一个好的职场心态。

所谓学生心态，就是一种被动接受的、以完成量化任务为终极目的的心态，是一种遵循现有模式做事的心态。通俗地讲，就是老师布置什么，学生就做什么；老师没有布置，学生就可以不做。但进了职场，这种学生心态、学生思维就是一种消极解决问题的思维方式。

职场心态是一种主动接受的、为完成自我积累而工作的积极心态，是一种精准把握思维的纬度和做事的经度的心态，是一种试图超越量化目标而做到更加完美的心态。职场人应当思考的是，工作任务是什么，考核目标是什么，自己在日常工作中如何创造价值，等等，为完成工作任务或业绩增长积极主动做出有实质意义的贡献，而不是被动听指示、等人带、算自己的小账。

必须看清楚的是，在职场所做的一切，表象上是为单位、为事业、为别人，实际上都是在为自己，你为了自己获得报酬、获得经验、争取舞台，为今后更好地发展获得经验与做足准备。

小吴是一家股份制银行的客户经理，每天早出晚归，部门经理吩咐的事情总能很快得到响应，同事有问题也喜欢找他帮忙。但小吴的工作业绩总是上不去，产能太低，收入也就很低。后来，公司领导给小吴调整了岗位。

到了新岗位后，部门经理发现小吴严重缺乏组织纪律的观念，自我安排工作的能力也不足，日常工作需要部门经理逐一交代，对工作本身与工作目标之间的联系缺乏理解，纰漏频出，严重影响了部门工作。不得已，部门经理最后又把小吴调整回了原岗位。

小吴这样的经历，正是因为他在工作中长期形成了消极的学生心态，"等、靠"思维严重。所以也就不难理解，为什么小吴在银行工作了近十年，还停留在"职场小白"阶段，依然只能被动地听指示、等人带。

05

职场新人要甘做"小蘑菇"

职场金句

- 职场新人就像一个小蘑菇,虽在阴暗潮湿的地方,但不妨碍他们默默生长。

- 做小伏低、端茶送水是"职场菜鸟"必经的成长历程。

- 一个人现在不打杂,以后终究要打杂;一个人现在打杂,以后终会不打杂。

有一个很有意思也很实际的话题:职场新人需要放低姿态,给领导及职场前辈们"端茶送水"吗?

在以前,这个答案似乎是显而易见的。我们刚参加工作的时候，经验老到的师父们都直接跟我们说："年轻人们都要机灵点，见人奉茶递烟，坐椅子坐半边。"如今时代不一样了，职场新人真的还需要做小伏低、端茶送水吗？

在实际工作中，由于职场新人缺乏实际工作经验，没有融洽的社会关系和深厚的资历，不能发挥重大作用，常常会被职场上经验丰富的前辈们差使，做一些打杂的琐碎工作；功劳簿上没名没姓，出了差错，无奈"背锅"。但职场新人就像一个小蘑菇，虽在阴暗潮湿的地方，却依旧可以默默生长。

现在有些年轻人，在家里娇生惯养，到单位也是一副养尊处优的模样，工作起来怕苦怕累。实际上，让新人干累活、脏活、杂活，不仅能让大家感觉到新人的诚实、勤奋、可靠，也能让大家尽快从心理上接受你。因此，做小伏低、端茶送水是"职场菜鸟"必经的成长历程，不要轻易将"端茶送水"视为职场不公，甚至是职场欺凌，而要像小蘑菇一样，在污水、腐草中也能汲取营养。

三十年前，我大学毕业参加工作时，虽然所在单位几个部门只有我一个全日制大学本科毕业生，但我依然每天早上提前半小时到办公室帮几个科室打扫卫生、擦办公桌、打开水，为领导和同事泡茶，到传达室拿当日报刊，任劳任怨，但即便如此，有些老同志还嫌茶叶放得少、味道淡，对我颇有微词。但也正是由于我的坚持、努力，给大家尤其是领导留下了好印象，加上其他机缘，我工作两年就被提拔为单位中层管理者。

1990 年，名牌大学毕业的陈居里去福耀玻璃有限公司求职，没想到公司创始人曹德旺看了一眼他的简历，就打发他去锅炉房拉板车。陈居里虽然不理解，但还是在闷热的锅炉房坚持工作了七年。

七年后，曹德旺把陈居里喊到自己的办公室，问他："你明明是个高才生，为什么甘愿在我的公司打杂那么久都不离开？"陈居里回答道："我来福耀，是因为相信你能带我发展得更好。"此后，陈居里被派往福耀（香港）公司任总经理，并最终成为福耀集团副总裁。

陈居里说："我记得毕业那天，老师说过一句话，一个人现在不打杂，以后终究要打杂；一个人现在打杂，以后终会不打杂。"

他认为，每个人的一生，可能有多半时间都在打杂，有了机会，你才能做一些重要的事情。前面十几年、二十年的杂事，你是一定要做的。不打杂，人家怎么了解你呢？

06

职场新人多实干，少妄议

● 闻道有先后，术业有专攻，职场小白切忌认为自己有高于
常人的见识和想法。

　　大多数人刚进入职场的时候，往往是一张白纸，也就是职场老人眼中的"小白"，因为没有经验，不谙世事，所以只会"本色出演"，会什么、不会什么、喜欢什么、讨厌什么、想什么、要什么，会直接表现在脸上，甚至直接表达出来。

但他们又大都是刚从大学的象牙塔中走出来，内心充满了激情与理想，想要指点江山、激扬文字。这时，就需要注意，一定要放弃各种想法，埋头多干事，脚踏实地、行稳致远，进而才能有所作为，空谈、高谈会得不偿失。

闻道有先后，术业有专攻，"职场小白"切忌认为自己有高于常人的见识和想法，起码要在站稳脚跟，摸清情况后，再做出正确的判断，提出切合实际的建议和意见。

华为曾有个新员工是一位北大的高才生，他入职华为不久，就对公司的经营战略问题提出了自己的想法和建议，并洋洋洒洒地写了一封"万言书"给任正非。但任正非这样批复：建议辞退此人。

马云说过，刚来公司不到一年的人，千万别给我写战略陈述，千万别瞎提阿里发展大计，你成为阿里人三年后，你讲话我必然洗耳恭听。

雷军也曾说，加入公司半年时间内，对公司的战略和业务，先不要提意见。年轻人有热情、有想法、喜欢提意见，但在你不了解实际情况的时候，你的建议往往有失偏颇，多听、多看、多想，对新员工来说更重要。等你真正了解了公司，我期待你尽情去表达你的想法，尽情指点江山，尽情用你们的热情和行动推动改变的发生。

07

分到冷门岗位别心急

职场金句

- 有时候，冷门岗位遇到的竞争小，更容易做出成绩来获得晋升筹码。

很多新人因为初入职场，工作经验不足，也没有明确的职业规划，任由人力资源部分配，这难免会被分到冷门岗位。很多人可能就会自怨自艾，认为自己时运不济，或是举步不前，听天由命。但是，我们完全可以坦然面对这种局面，因为有时候，冷门岗位遇到的竞争小，更容易做出成绩来获得晋升筹码。

不同的职业平台，对于职业生涯的发展，可能会有不同的价值。有人比较看重单位的核心业务、核心技术或核心产品所在的部门，这些部门固然有较好的前景，但也会遇到更有力的竞争者，职业发展道路和进程也比较固化。反观一些所谓的冷门岗位，大家不关注，领导期望值小，精兵强将看不上，这也许是一条更为宽广、更好走的路。想要在未来弯道超车、迅速升迁，可以从现在开始，找到尚未被充分开发利用的位置，寻找新突破。

日本的"经营之圣"稻盛和夫小时候家境贫寒，12岁时还被传染了结核病差点死掉。长大后他好不容易找了一份在陶瓷厂上班的工作，但工厂的工作环境和待遇条件都很差，有时候连工资都发不出来。和他一起上班的同事不堪重负，纷纷辞了职，最终只留下了稻盛和夫一人。

但是他并没有气馁，也没有因为进了一个快要倒闭的企业，入职了一个冷门的岗位而放弃自己的努力。他天天研究陶瓷技艺，经过不懈的努力，研发出了当时世界上非常先进的陶瓷产品，将一个濒临破产的公司挽救了回来。

27 岁那年，他毅然辞职，凭着自己在陶瓷厂学到的本领，开始创立自己的公司——京都陶瓷株式会社，并在 39 岁时带领公司成功上市。

08

对自己投资才是最大的职场红利

职场金句

● 要想在新人中脱颖而出，就要舍得投资自己，保持时刻
学习的能力。

● 初入职场，性价比最高的学习方式就是深度阅读。

不能输在起跑线上，是我们经常听到的一句警示。
年轻人从校园迈入职场，就是进入了一个全新的赛道。
职场中，企业会通过不同方式组织开展对新人的系列培
训，期望新人尽快适应岗位，完成工作任务，干出成绩，
为企业和社会做出贡献。

但现实生活中，很多同年或前后差不多几年进入企业的新人，在同样的工作环境下，经过数年发展后，会拉开很大的差距。为什么会这样呢？

原因是多方面的，但总的来说，现在的社会变化速度越来越快，各种知识和技能很容易被淘汰，要想在新人中脱颖而出，就要舍得投资自己，保持时刻学习的能力。

对自己投资，不是说要花费多少钱，而是要持续充实、提升自己。初入职场，性价比最高的学习方式就是深度阅读。很多人工作之后才发现，在大学中学习的知识和在工作中需要掌握的知识都是脱节的，需要自己补课、自我学习。这些学识不仅仅在于专业知识，还包括人际沟通、销售技巧、经济管理等方面的知识，这些都需要我们潜心学习。

特别是跟自己的岗位密切相关的，更要深入研究。比如，我是工科专业大学毕业，入职后到党委组织科工作，组织科工作对文笔要求很高，下班后，我没有花时间和其他同事喝酒聊天，而是买书钻研公文写作、新闻写作，很快就在省级党报发表了自己的作品。

"美国没有资格居高临下同中国讲话，中国人不吃这一套。"在中国魅力四射的外交天团中，有位老人最为圈粉，这位老人就是杨洁篪。

18 岁那年，杨洁篪参加工作，成为上海市浦江电表厂一名普普通通的工人。在那个年代，有一份稳定的工作，也是令很多人羡慕不已的事。按这样的发展轨迹推测，杨洁篪已经立业，接下来要做的，就是踏实上班，然后结婚生子，过着波澜不惊的生活。

杨洁篪身边的工友们都是这样，在车间里上一天工很辛苦，下班了就聚在一起打牌玩乐，吞云吐雾，放松一下疲惫的筋骨。但杨洁篪不一样，一有闲暇，他就自学英语。他精打细算，把有限的工资省下来买英语书和英语碟片。

当时的杨洁篪，并不知道自己有一天会走进外交部，他只是本能地热爱学习，希望开阔自己的眼界。职场新人，要把持续地充实和提高自己当作对自己最好的投资，我们也必将从这种投资习惯中终身受益。

09
做好个人标签管理

　　职场交际中，不可能也没有必要对每个人都深入了解，更多的时候，我们会使用"贴标签"的方法，去判断一个人的基本品性。这种方式虽然简单粗暴，但非常有效。职场前辈们不会记住职场新人的种种细节，他们只需抓住"标签"印象即可。

因此，职场新人建立和维护职场人际关系的第一步，就是要管理好自己身上的标签。

职场新人可以充分利用自身优势，打造良好的人设标签。

这个标签可以是能力，如擅于演讲、会写作等；可以是性格，如爱笑、说话温柔等；也可以是行为，如一个每天跑五千米的健身达人，晚上从不吃饭的人。

总之，只要是与众不同的记忆点，是自己具备、其他人不具备的特点，都可以成为你的标签。

职场新人最可悲的是"泯然众人"，让人无法为你贴标签，这也就意味着你没有"存在感"。有任何事情，别人不会第一时间想到你；有任何机会，也不会第一时间落在你头上。这是最需要避免的。

当然，如果别人提到你时，联想到负面的东西，那就是失败的标签管理。

哪些是良好的个人标签？

- 小张那小伙子不错，PPT 做得很漂亮。

- 电脑坏了找小李呀，那小子玩起电脑来可棒了。

- 小胡不愧是武大中文系毕业的，写材料没话说。

- 华子摄影技术是专业水平的，还获过国家级大奖。
- 试想一下，哪位优秀的职场新人不想在前辈心目中树立这样的印象标签呢？

10

重视第一印象

职场金句

- 破窗效应是心理学上的一个概念，如果一幢建筑有少许破窗，且那些窗不被修理好，那么一定就会有破坏者来破坏更多的窗户。
- 职场新人如果没有树立好"第一印象"，就可能会成为被大家随意欺负的"破窗"。

身在职场，给人留下好的第一印象至关重要。如果一开始就给人留下了"这人没谱"的负面印象，你就会陷入"破窗效应"的负面影响。

破窗效应是心理学上的一个概念，如果一幢建筑有少许破窗，如果那些窗不被修理好，那么一定就会有破坏者来破坏更多的窗户。人们拿破窗效应来比喻，如果环境中的不良现象被放任存在，就会诱使人们仿效，甚至变本加厉。

职场新人如果没有树立好"第一印象"，就可能会成为被大家随意欺负的"破窗"。一旦开了这个头，就会持续引发大家对"破窗"进行"精神消费"的行为，那么以后难免还会有更多不好的事情发生。

谍战剧《隐秘而伟大》也可以被看作是一部职场成长剧，讲述了20世纪四五十年代，在风云动荡的老上海，一群平凡小人物的故事。其中有一位小警察顾耀东，他在刚入职后，就遭遇到了职场霸凌。

究其根源，是顾耀东在上班的第一天就迟到，也正是因为此，在大会上，他被领导公开批评，被一处的人奚落，被二处的人瞧不起，这也直接导致了他后边一系列职场不顺的情况。虽然我们不能把顾耀东经历的职场霸凌都归结于第一天上班迟到，但显然顾耀东没有经营好自己的"第一印象"。

11

听得老人言，前程在眼前

职场金句

● 经常与职场前辈交流,可以让你提前发现和感知十年甚至二十年后的自己。

　　要想快速成长，那就要站在巨人的肩膀上。哪些人是巨人，除了单位大领导外，身边的前辈和师父也是不可忽视的巨人。职场老同志也是一个宝藏，尽管他们受年龄、文化水平等影响，冲劲、豪情、新知识等方面可能不如年轻人，但他们的经验、阅历都是宝贵的财富，尤其是对职场潜规则和单位发展历史的了解，对经营管理业务背后的逻辑关系的认识，对复杂疑难问题的处理，等等。在这些方面他们会是你重要的指导老师，让你少走弯路、减少失误。

在我们身边，确实有一些老同志综合素质跟不上时代，工作状态也不好，甚至有倚老卖老、自以为是的情况，但这毕竟是个别现象。大多数老同志在多年的工作中积累了丰富的经验，为企业的发展贡献了青春，值得我们尊敬。年轻人不能简单把老同志看成包袱，不能狂妄自大，而是要把他们当老师，虚心请教、学习，帮助自己更好地成长。同时，经常与职场前辈交流，也可以让你提前发现和感知十年甚至二十年后的自己。以前辈为鉴，借鉴他们的经验丰富自己，借力前辈，能够帮助你赢在职场新起点。

大学生李玉毕业后进了一家国企，刚入职就接了很多活，有同事给的，有其他部门做项目横向合作的，还有领导派的，每天都加班到很晚。但因为是新人，李玉不懂得拒绝，只能一个人默默忍受。

坐在李玉隔壁的是五十岁左右的王老师，王老师是这家单位的元老级人物，专业技术精湛，是一把技术好手，在单位也有极高的威望。王老师实在看不下去了，就开始有意无意地点拨李玉：

　　"这个活儿哪来的呀？"

　　"项目部潘主任交代的活儿。"

　　"为什么你来做呀？"

　　"他说他们部门开发人员不够，让我配合一下。"

　　"你这是配合还是主责呀？"

　　"基本都是我干的。"

　　"给你发奖金没有？"

　　"没有。"

　　"领导有没有夸你呀？"

　　"没有。我知道了，下次不接了。"

　　王老师有意无意地点拨，让李玉恍然大悟。

12

别把工龄当资历

新人往往对职场论资排辈的现象颇有意见,但往往在职场中,在实力和效益面前,是不会排资论辈的。

在一个单位里面,我们认真观察就会发现,对于职务提升、职称评定、绩效奖金发放等,不完全是按员工工龄长短来安排的。也就是说,职场人的工龄不等于资历,不是每个人在单位混上一二十年,就都能像别人一样熬出头,去做领导、拿高薪。在企业工作二十年，很多时候并不代表你拥有二十年资历，也许你只是将第一年的工作重复了十九次而已。只有每年都有提高，每年做出新的贡献，才会有新的经验，才会逐渐成为一个有资历的职场人。否则，你只会永远停留在最初起步时的那个位置。

比如同一学校同一班级的两个大学生，同一天到同一家银行上班，二十年后，其中一个已成长为银行行长，另一个却仍在基层做具体操作层面的工作。看起来都是一样的起点、一样的资历，但后续发展结果完全不一样。

2021 年热播的电视剧《理想之城》中，作为新时代女性的建筑造价师苏筱在经历了一系列挫折和质疑后，跌到了事业低谷，进入小公司天成建筑从基层做起。

在新公司中，苏筱凭借其主导的分包商评估体系、全面预算管理等创新管理模式，在短短两年内连升三级，进入天成建筑公司所属的瀛海集团公司管理层。

而剧中，苏筱的师姐，研究生毕业后即在瀛海集团人事部工作的吴红玫，则一直在招聘管理岗步履维艰。吴红玫在瀛海的工龄更长，可她只是把招聘这份工作的经验重复了很多年而已，不能转化为自己的资历，自然也就谈不上能力。

13

工作有时候要"先结婚后恋爱"

职场金句

● 不是要等你爱上了才去做这份工作，而是要在工作中，用
业绩和肯定让你获得价值感，然后你才会爱上这份工作。

　　这世上没有完全合适的工作，即使当初你觉得合适，
但真正了解之后，你发现你还是不喜欢它，那时你会怎
么办？如果怀着浓厚的兴趣工作了一段时间后，你出现
了职业倦怠，你又会怎么办？

　　其实，这世界上没有一份工作是轻松无压力的，也
没有一份能够一直顺利发展下去的工作。无论我们选择

的是自己喜欢的，还是不喜欢的工作，在工作中我们都会遇到难题、阻碍和挑战，都会产生对工作的懈怠和厌倦，都会有感觉熬不下去了的时候，这些都难以避免。但我们在遇上这些困惑时，能够做的就是享受现在的工作，享受工作的成效带给你的激励，只有这样才能在未来做出更好的成绩。

一句话，不是要等你爱上了才去做这份工作，而是要在工作中，用业绩和肯定让你获得价值感，然后你才会爱上这份工作。

稻盛和夫曾在自传中精彩地描述了如何让自己喜欢上现有的工作。

稻盛和夫认为自己原本也像一般的小青年一样，兴趣多变，不善于将心思集中在一件事情上。但他后来为什么能够在五十年年这么漫长的时间里一心一意专注于工作呢？那是因为他付出了努力，这份努力让他喜欢上了自己的工作。

稻盛和夫刚进公司时，被指定去研究陶瓷的新材料，这个领域当时还是一个未知的世界，缺乏可靠的研究资料。另外，公司当时条件很差，也没有什么像样的实验设备，更没有上司或前辈可以指导他的工作。在这样的环境里，要做到"热爱自己的工作"实在不容易。

但是辞职转行没成功，稻盛和夫只好留在这里。于是，他决定改变自己的心态。"埋头到工作中去！"即使做不到很快就热爱工作，但至少"厌恶工作"这种负面情绪必须从心中排除。

而在这个过程中，稻盛和夫开始渐渐地被新型陶瓷的魅力所吸引，他也逐渐预知到，新型陶瓷中或许隐藏着一个不可思议的、美好的前景。

"这样的研究，恐怕大学里也不会有吧，或许全世界也只有我一个人在钻研。"这么一想，他觉得枯燥的研究也变得熠熠生辉起来。

开始时，稻盛和夫大多是强迫自己，但不久后，他的想法就已经超越了喜欢或不喜欢这样的层次，因为他感受到了这项工作所包含的重大意义。

14

没有人是不可替代的

　　新人在入职的前三年里，是最容易离职的。这可能
是因为，一方面，职场新人年轻且有冲劲，可以接受频
繁地辞职、求职；另一方面，当下年轻人缺乏对自己的
正确认知。

　　经过两三年的职场打拼，很多职场新人开始小有成

绩。如何看待自己的能力与成绩，如何处理自己与所在平台的关系，是摆在他们面前的新课题。我们经常能听到年轻人说这样的话，"我不干了""这些都是我应得的""他有什么本事？全靠我"，实际上，无论是放眼历史，还是我们身边的人和事，你都会发现：没有人是不可替代的，尤其是我们这些职场普通人。单位换了领导，也一样运转；某技术骨干退休了，新人顶上接着再做，更不用说初入职场的普通打工人了。

在我们的职业发展中，除了我们个人注重学习、提升能力、努力成长之外，领导的栽培、同事的支持、平台的位置都是我们个人职场成功的必备要素。大量的事实告诉我们，公司对于每一个人来说都是平台，你离开了，公司照样运转。

当然，人往高处走，水往低处流，在市场经济体制下，人才流动也是很正常的现象，很多人也会因为跳槽而获得更好的发展机会，有了更高的发展平台。需要注意的是，跳槽应该是我们职业规划中个人发展的转型，而不是跟老东家叫板的理由。

刚毕业时，王天在一家小公司工作，公司规模不大，人数也不多。由于王天入职早，个人能力也突出，他渐渐成为公司集体默认的负责人。公司几乎什么事情都会经过王天的手，连老板都对他客气三分。

从那时起，王天就渐渐有了一种感觉，觉得自己很强，好像公司离开了自己就不能运转似的。但公司老板却三年没给他涨薪，他不满意，找老板要求涨薪，却被老板忽悠一通，仍旧没有涨薪，于是他愤而离职。

但离职后，他找的新工作还没有上一个好。王天后悔极了，他逢人就说：你觉得公司离不开你，其实只是你自己的错觉，是公司给你提供了这个平台让你生存下去而已。

PART TWO

—

弄懂职场礼仪

15

职业着装要符合场景

职场金句

● 尽量融入环境、保持分寸，是职场人穿衣打扮的首要原则。

● 要遵循社会公序良俗，就算办公氛围再轻松，有些失礼的
  着装也必须避免。

在一些职场新人看来，穿衣打扮是自己的私事，公
司不应该干预，有些人看到公司发的工作服，感觉难看
死了，就不愿意穿。但实际上对职场人而言，我们要明白，
既然踏入公司，在着装方面就把个人私生活的部分权利
让渡给了公司。

随着时代的进步，各行各业对职业着装的要求也没有那么严格了，但因为着装不合适给自己的工作带来不必要的麻烦显然得不偿失。尽量融入环境、保持分寸、符合自己的职业风格，是职场人穿衣打扮的首要原则。

总体而言，单位有规定的，宜按规定统一着装；单位没有规定的，宜与行业、岗位匹配。比如，机床操作工就不必西装革履，汽车驾驶员就可以西装革履，网络公司员工可以穿T恤衫、夹克衫、牛仔裤，电影院、超市等服务性行业员工宜着正装。

干净整洁是着装的基本要求，尤其是衬衫、西裤要平整、不起皱。同时，要注意合理搭配，服装、鞋帽、配饰要搭配和谐。除了公务、社交等特殊场合，一般不要通过奢侈品牌来凸显自己。

在职场中，要遵循社会公序良俗，就算办公氛围再轻松，有些失礼的着装也必须避免，包括不要穿暴露太多身体部位、脏兮兮皱巴巴的衣服，不要穿拖鞋或热裤，不要佩戴花里胡哨的配饰，等等。

对于职场着装，上班、下班后可以不一样。参加下班后的一些商务活动时，着装可视情况另行调整，比如公司同事一起放松聚餐，就可以换掉西服领带；如果参加一些正式活动，机床操作工也要脱掉工作服，换上西装，女性可以穿上礼服。

王女士在某银行营业厅上班。银行作为非常讲究服务规范的单位，对员工着装有非常严格的标准，员工必须穿正装，且是单位统一定制，尤其是对于基层营业厅从业人员来说。

有一次，王女士去意大利旅游，购买了一件新款品牌连衣裙，非常喜欢。休假结束后，王女士忍不住穿着这件新连衣裙来上班，本想是展示一下，炫耀一番，没想到被巡察的领导看到。领导当时脸就沉了下来，当即让她去换，还记了她违规积分对她进行处罚。

16

与人相处注意物理距离

- 交往双方的人际关系以及所处情境决定着相互间自我空间
  的范围。

从人的心理接受程度来看，人与人之间相处的物理距离是有区别的。一般而言，交往双方的人际关系以及所处情境决定着相互间自我空间的范围。美国人类学家爱德华·霍尔为人际交往划分了四种空间距离，这四种空间距离都与对方的关系相对应。

亲密距离。亲密距离在 45 厘米以内，属于私人情境，日常见于情侣或夫妻、父母与子女以及知心朋友间。

私人距离。私人距离一般在 45 ～ 120 厘米之间，表现为伸手可以握到对方的手，但不易接触到对方的身体，一般的朋友交流多是这一距离。

社交距离。社交距离大约在 120 ～ 360 厘米之间，属于礼节上较正式的交往关系。

公共距离。公共距离指大于 360 厘米的空间距离。一般适用于演讲者与听众，人们极为正式的交谈以及非正式的场合。

我们跟同事尤其是领导在一起时，除特殊情况（比如乘坐电梯、汽车等），要根据同事或领导对自己的接受程度来把握距离，切不可为了表示亲近，紧贴着领导，以免领导生厌。

一位心理学家做过这样一个实验。在一个刚刚开门的大阅览室里，当里面只有一位读者时，心理学家就进去拿把椅子坐在他（她）的旁边。试验进行了整整 80 个人次。结果证明，在一个只有两个人的空旷的阅览室里，没有一个人能够忍受一个陌生人紧挨着自己坐下。在心理学家坐在他们身边后，他们不知道这是在做实验，更多的人很快就默默地远离心理学家，到别处坐下，有人则干脆明确地表示："你想干什么？"

这个实验说明了人与人之间需要保持一定的空间距离。任何一个人，都需要自己的周围有一个能够把握的自我空间，它就像一个无形的"气泡"一样，为自己"割据"了一定的"领域"。而当这个自我空间被人侵占时，我们就会感到不舒服、不安全，甚至恼怒起来。

17

职务称呼"叫大不叫小"

职场沟通中，称呼是绕不过的话题，称呼不仅是名字不能叫错，更重要的是，被称呼人的职级不能说低了，要想职场混得好，见面称呼"叫大不叫小"。

比如，张军是副处长，不能称之为"张科长"，你可以称张军为"张副处长"，也可以称为"张处长"。除了非常规范的场合外，人们一般都会称呼为"张处长"，而不是张副处长。此外，对于领导姓"傅"的情况，比如傅强华是处长，就不要称其"傅处长"，以防让人以为是"副处长"，可以称呼"傅强华处长"或者"强华处长"。

对于巡视员、调研员、主任科员等非领导职务，则可以称呼其对应的行政级别，巡视员对应的级别是厅局级，调研员对应的级别是处级，所以要称呼"×局""×处"，如果直接称巡视员、调研员，有的领导特别是从领导职务转为非领导职务的，心里可能不舒服。

小王刚参加工作时，跟着李队长工作，称呼其"李队长"。

工作两年后，小王也晋升了，而且职位比李队长要高。小王见到李队长后，就不再称呼其"李队长"，而是直呼其名。结果给李队长气得肝疼，逢人就说，小王为人不地道，从他手下锻炼出来的兵，刚升了职，就翻脸不认人。因为一个称呼，小王得罪了李队长，使得他后面开展工作极为被动，也给小王的声誉带来了不好的影响。

18

职场位置安排有讲究

职场金句

- 开会时坐哪里大有讲究，体现了你在单位的身份和自我定位，会影响领导对你的评价。

在工作中，我们经常会遇到公司组织正式会议、工作宴席的情况。每当这种时候，大家就会烦恼要如何安排领导们的座位。一般来说，如安排主席台就座，领导人数为奇数时，职级最高的领导居中，2 号领导在 1 号领导左手位置，3 号领导在 1 号领导右手位置；当领导人数为偶数时，1 号、2 号领导同时居中，2 号领导依然在 1 号领导左手位置，3 号领导依然在 1 号领导右手位置。如果是拍照或基层视察调研，领导在 C 位，职级靠近或重要的人物距中心近，陪同人员在外围；在一些颁奖场合等，劳动模范、先进个人等，领导会把他们安排在 C 位，领导在旁边，以示对标兵的敬重。

参加会议，与会人员有多有少，很多时候会议组织者会对座位做统一安排，指定座位就座。如果会议没有安排，应当主动往前靠，靠前坐，展现自己积极进取的一面，无形中与领导接近，让领导关注到。

可以说，开会时坐哪里大有讲究，体现了你在单位的身份和自我定位，会影响领导对你的评价。

小王是一名刚毕业的大学生。找工作时，她经过层层筛选，过五关斩六将，终于进入了这家在全球 500 强中排名靠前的外企。

刚进公司不久，正好赶上公司召开一个中高层都出席的会议，小王作为中层领导的小跟班，需要做好记录。小王有意选择了后排的座位。她对座位的选择自有一番考虑：作为一名刚进公司不久的职员，最好保持低调，选择的座位应该避开视线焦点，而且后排的座位便于"察言观色"。

　　结果开会的时候，中层领导反而批评她："怎么往后面缩呀，坐后面听不清楚，把领导的重要指示记漏了或错了，不是误事吗？"小王被中层领导叫到了靠近他后一排的位子。

19

车内座位不能随便坐

汽车是常用的交通工具，汽车内几个座位虽然靠得很近，但每个位置的"尊贵等级"是不同的。一般来说，司机正后方的位置，是最安全的位置，领导往往坐这个位置，秘书或下属则坐在最靠近车门的位置，以方便开门上下车。

　　以小轿车为例，驾驶员驾车，后排左侧为第一领导或贵宾座位，后排右侧为第二领导或贵宾座位，副驾驶座位为秘书、随从或主人；如主人排序在第二领导或贵宾前，主人可以坐到后排右侧座位，第二领导或贵宾到副驾驶位置就座。如果是领导开车，主宾是大领导，仍然坐后排左侧第一位置，主宾是同级或下属，那就应该坐在副驾驶位置。当事人应识别自己在乘车人群中等级关系的位置，选择对应的座位，尤其不能随意坐领导座位上。

　　小李刚入职一家小公司，该公司总共也就十个人。有一天晚上下班，老板看小李和小高还在加班，就说请她们俩一起吃晚饭。于是三个人就一起去了车库。老板坐到了驾驶位，小李和小高一起钻到了后排。

　　老板被她俩逗笑了，发话说："你俩都坐到后排干吗？总要有个人坐我旁边，随便聊聊天吧？不然搞得我很像个司机！"小李觉得很尴尬，赶紧下车坐到了副驾驶位置上。

20

职场异性交往有禁忌

职场金句

● 男女搭配干活不累，但职场异性交往仍需要遵守一定的
规则。

　　常言道：男女搭配，干活不累。这实际上是说职场
中团队同事性别、风格的一种互补和欣赏的表现，在心
理学上叫作"异性效应"。通常，有些人在异性面前会
乐意完成在同性面前不愿意做的事情，甚至会在异性面
前表现得更加机智勇敢，更加细腻周全。这就是异性同

事搭档的优势。

但在职场中，即使是再完美的搭档，异性交往也需要遵守一定的规则，要以工作职责和职业操守为底线。双方如果越界，会影响工作推进，甚至引发声誉风险，破坏单位作风和团队战斗力。异性同事之间有意识地保持距离，才能避免不必要的麻烦，建立好职业口碑，维护好风清气正的职场局面。

人们对待特别出色的同事难免生出敬佩之心，但同事之间，敬佩即可，不可再进一步，若把同事视为偶像，朝也思之，暮也思之，久而久之，感情就会变质。

说话要讲究分寸。男人收起满口脏话，是对女人起码的尊重，女人收起嗲声嗲气，是对自己的尊重。同事之间相互关心是人之常情，但涉及家庭、私生活，尤其是个人隐私等方面的事情，要尽可能回避，说多了也许能促进同事间的情谊，但也可能会给别有用心之人以可乘之机。此外，开玩笑也要注意适可而止，不模糊双方界限是原则，更不宜用低俗的玩笑打情骂俏。总之，开玩笑适可而止，涉私事守口如瓶是真谛。

要把握交往距离。日常工作生活中，同事相处时间长了，大家彼此熟悉了，相互之间的物理距离自然而然会缩短。但男女间相距 46 厘米以内，就可能被视为暧昧或表示亲昵。男女同处一个办公室办公，要有距离意识，尤其是不得"醉翁之意"地故意与另一方贴近。如在同一办公室，又无第三人在场，为避免他人非议、猜想，不宜紧闭办公室门，最好敞着或半开办公室大门。

有一次，公司有名的美女小雅陪领导参加酒局，酒过三巡，领导喝得醉醺醺的，只能由小雅开车将领导送回家。车到半途，领导突然意识到这样不太好，小雅毕竟是女下属，太晚回家怕引起误会，于是就叫小雅半路停车，自己叫代驾回家了。

结果第二天，公司里有人不怀好意地问小雅，几点把领导送回去的。小雅莞尔一笑，大方地回答："领导叫了代驾，我半路就回家了。"

21

工作用餐别出格

职场金句

● 工作餐时间，既是休息时间，也是社交良机。

工作餐时间，既是休息时间，也是社交良机。与不同的部门、不同类型的人一起用餐，能够增进同事间接触、加强互动、充分沟通信息、增进个人感情。从人的心理角度看，每个人都习惯跟熟悉的人在一起，用已成型的方法去处理问题。大家都习惯待在自己的舒适圈，但在职场交往中，值得注意的是，不仅不要独自用餐，也不要只和自己喜欢的或某几个特定的同事在一起，应尽量扩大接触面。同事们聚在一起用餐，吃饭不是目的，每个人都可以通过这种放松的形式来搭建个人关系网上的一点一线。

有时候工作时间不好与领导沟通的事情，可以边吃边谈，往往会取得奇效。但食堂作为公共场所，你和领导的一言一行都会在大家瞩目之下，如果行为过于刻意，态度过于谄媚，反而适得其反。

现在的职场不是单打独斗的战场，职场中更需要团队合作。一个人想要在事业上取得成功，想干事、能干事是内因，企业内部不同部门之间、同事之间的协同配合是干成事的重要外因，是我们成功的必要条件。

公司里一位长得很漂亮的女员工要被提拔了。同事们议论纷纷。大多数人都用一种意味深长的语气说："她？那不是迟早要被提拔的吗？现在才提拔还晚了呢。"

关于这位女员工的"轶事"有很多。她因为长得漂亮，又很会打扮自己，平时在人群中就很出众。她最出格的行为就是在食堂吃饭时，总会专门端着餐盘找到领导的位子，跟领导坐一起谈笑风生，为领导递纸巾、端餐盘，鞍前马后地服务。同事们总是对她侧目而视，脑子里不知道已经演绎出多少事来。

这位女员工本身能力不错，但大家提起她时，总觉得她不过是擅长"讨好领导"罢了。而同事们之所以有这样的印象，是因为这位女员工过于"热情"的用餐行为。我们要利用好工作餐的时间，但也要注意场合、注意分寸行事。

22

敬酒文化要知晓

- "醉翁之意不在酒"，敬酒在于表达对领导的尊重和忠诚。
- 即使是在自己宴请别人的酒席上，如果有自己的领导在场，在敬了客人后，也要找准机会给领导敬酒。

　　职场应酬是常态，宴会小聚难免喝酒，喝酒就涉及相互敬酒，而敬酒也有约定俗成的规矩。俗话说，"敬酒事小，出局事大"，别因为敬酒不懂规矩，给领导留下不良印象。

　　敬酒时要根据自身角色和位置敬酒，一般是主陪先敬主宾，不是率先敬酒就表示你的诚心。副陪或其他陪同人员在主陪敬酒后，可敬就近宾客，此后视其他敬酒情况，再去敬主宾，如果上来就直接去敬主宾，是明显反客为主的行为。如果你是宾客，应首先敬陪同人员。

敬酒时可以多人敬一人，决不可一人敬多人，除非你是领导。如果没有特殊人物在场，敬酒最好按时针顺序，不要厚此薄彼。当你敬别人酒的时候，为了表示你对对方的尊敬，在碰杯时，右手握杯，左手垫杯底，记着自己的杯子要永远低于别人。如果你是领导，杯子最好不要端得太低。

"醉翁之意不在酒"，敬酒在于表达对领导的尊重和忠诚。即使是在自己宴请别人的酒席上，如果有自己的领导在场，在敬了客人后，也要找准机会给领导敬酒。有人可能觉得，在酒桌上应该"保护"领导，让领导少喝酒，应该多敬其他客人。实际上，给领导敬酒，不是说要领导多喝酒，而是在他人面前表示自己对领导的尊重，让领导有尊严感、有面子。

敬酒要有仪式感，也要有语言的配合，只有真心实意地表达，才能收到良好效果。尤其要注意的是，在酒席上喝过酒后，要自我控制，不能耍酒疯式粗暴敬酒。

酒桌上，大家纷纷向领导敬酒，酒过三巡，王勇已经喝得微醺。只见他借着酒劲鼓起勇气，拿起酒杯直接走到了领导的面前，没等领导端起桌上的酒杯，他就直接用杯子碰上了领导的酒杯，还不忘说一句"我干了，您随意"，然后头一仰，一杯酒就见了底。

没想到领导就这样静静地看着王勇喝了一整杯酒，却丝毫没有想要拿起酒杯的意思。王勇有些不解，带有一丝不满的口吻询问领导："我的酒都干了，您怎么不喝？"这时领导的脸色明显变得非常不悦，王勇的同事赶紧站起来打圆场，这才缓解了尴尬的局面。

23
不随便帮领导买单

- 领导的单，不能随便买，谨防拍马屁拍到马腿上。

　　在餐馆偶遇领导是小概率事件，遇到领导在用餐，要不要去打招呼、要不要帮领导买单，这其中的学问很深，并不是主动掏钱买单就能得到领导赏识的。领导的单，不能随便买，谨防拍马屁拍到马腿上。

　　如果是领导带家人或小范围几个朋友，可以跟领导打个招呼，然后暗示一下自己正好吃完，一并买个单。

如果是领导的私密活动，不巧被你偶遇，这时候就假装未遇见。如果是领导接受宴请，你可以去敬酒，但不必买单。如果领导是因公务请客，一般都会事先安排好服务与买单人员。

　　小张和四个同学在饭店吃饭时，在洗手间遇到公司总经理。得知总经理在另一个包厢吃饭，为了拍总经理马屁，小张自己悄悄把总经理所在包厢的账单给买了。

　　第二天，正当小张暗自得意之时，总经理一个电话责问小张昨晚是不是买了他们包厢的单。原来，总经理私人与几个在政府部门工作的老朋友小聚，朋友一再要求AA制，不能单位公款报销。没想到，他们餐后买单时，服务员说已有人买单了，搞得大家当场很尴尬。晚上思来想去，总经理觉得是小张所为。

24

正确的"废话"也必要

职场金句

● 寒暄的意义在于向对方表示：我对你没有敌意，我们可以和平相处。

职场交往过程中，中国人讲究用寒暄营造气氛。大家寒暄时通常都会说，"今天天气不错""最近身体怎么样""你瘦了嘛"等这些与主题不相关的"废话"，效果也很好。这些话看似不相干，但引起了共鸣，缓和了情绪，烘托了气氛，为双方正式的交往奠定了基础。

有一句话说得好，寒暄的意义在于向对方表示：我对你没有敌意，我们可以和平相处。

当然，寒暄时要注意说话的态度与举止，沟通交流中，说话时的态度与举止也会影响你想要传达的内容，对方可能会因为你的身体语言而忽略你说话的内容，甚至想多了。

也就是说，说的内容有时候不是最重要的，重要的是"怎么说"。寒暄也要注意掌控时间，不要花费太久时间，不要漫无边际地闲聊，避免因为闲聊而耽误重要事情的沟通。

花姐是一名很会交流的职场人，她最擅长的是赞美法，比如，上班时在电梯里遇到同事，她总是热情地打招呼。

"早安呀。"

"早安。"

"你这条裙子好漂亮啊，在哪买的？"

"哈哈，在网上买的，都买几个月了。"

"本来人就长得好看，配上这条裙子，更靓了。"

这样的话同事听着也高兴，两人高高兴兴地开始了一天的工作。

25

官腔并非装腔作势

- 职场如舞台，需要"角色"出演。领导就要有领导的样子，要讲得体的话，穿得体的衣，做得体的事。

　　有人批评或评价职场中某某人时常常会说，"这个人不怎么样，就会打官腔"，实际上，职场如舞台，需要"角色"出演。领导就要有领导的样子，要讲得体的话，穿得体的衣，做得体的事。中国有句古话：到什么山唱什么歌，见什么人说什么话。在职场中，存在等级分明的官场，官场中，就必须要有官腔。

官腔，有时候代表着路线方针，比如文件、报告中经常会提到"以……为指导""坚持……""努力做到……"，看起来是一些政治术语，但就是通过这些官腔表明了立场和方向。

官腔，有时候代表着原则。"请按流程处理""按××会议纪要精神办"，这些是指不能随意曲解文件内容或擅自做主，尤其是重要会议报告，遣词造句必须非常严谨。因为代表着做出报告这个层级的意见和导向，所以，重要会议的报告都是印成书面材料的。

官腔，有时候代表着职责和权限。"拟同意，报××审批""这事不是不好办，但我要请示领导"，看似打官腔，其实这是实在话。

最近公司要增补一批经理岗位，对于普通人来说，这是走上管理岗位的第一步，所以大家都很重视。王小军作为热门候选人自然也是跃跃欲试。

一天，他去老板办公室探口风。老板一边泡茶，一边满面笑容地跟王小军说："这次竞聘一切按流程来，还要等组织的决定。" 全程都是毫无信息量的官话，但机敏的王小军听出来，老板似乎对他并不放心，于是有意无意地跟老板表忠心。最后老板意味深长地说："小王啊，你放心，你的经理对你可是大力举荐和褒奖啊，说其他人都没有你优秀，也没有你合适。"

王小军从这句话里，读到了这两个信号：

第一，经理口中的你如此优秀，能堪当大任，到底是不是这样的？你觉得自己哪里胜任？

第二，你的经理如此大力举荐你，其实是有点反常的。你是不是与他已经形成了小派系，未来把你提拔上来，你和经理成了两个重要部门的负责人，会不会更容易把持板块利益呢？

弄明白了老板话中的意思，王小军沉着应答，最终得到了老板的认可，成功升职。

26

潜台词里学问深

- 对潜台词，要结合场景一分为二地看问题，具体问题具体分析，不能不听，也不能全信。

　　话中有话，弦外有音，职场暗语也是职场潜规则的一种，是企业文化的一部分，这些暗语不会被诉诸文字，也不会被公开告知，所以，大家要注意揣摩。如果意会不出来或意会错误，则会把别人的嘲讽当成"麻药"，把别人的鼓励当成批评，把领导的否定当成机遇。比如领导说"这事下次再说"，在当时那种场景下，可能就是"这事我不同意，不用再说了"。

领导交代你去办一件事，有时不方便直截了当告诉你，有时把话说七分，三分要靠你去揣摩，这就要看你对潜台词的悟性。对潜台词，要结合场景一分为二地看问题，具体问题具体分析，不能不听，也不能全听。比如"改天请你吃饭"就不如"下周一晚上请你吃饭"来得可信。

70%的大学毕业生被用人单位的HR"套路"过。因为HR在招聘的时候，会说很多职场"黑话"。比如HR说，我们需要你有抗压能力。

刚步入社会的大学毕业生，对工作充满了期待，听到HR说这份工作需要抗压能力的时候，会觉得是给自己的一个挑战，可能需要自己在工作岗位上"精益求精"。

但其实HR的潜台词是：你就等着加班吧！加班强度比你想象的还要大，每天上班时间早，下班时间晚，需要靠着你的"仙气儿"支撑。

27
请 假 非 小 事

　　职场当中，保持良好出勤记录是职场人的本分，但由于多种原因，我们也难免会请假。值得注意的是，请假也不是一件小事。

　　一是不能随意请假。虽然公司规定了很多情形是可以请假的，你的情况也符合请假条件，但经常请假，尤其是没有特别重要原因的请假，会让人觉得你不敬业，劳动纪律差，工作不连贯，技能不稳定，同事会慢慢疏远你，领导也不敢把重要事情交给你。

二是请假也有技巧。请假非通知，要先请后准。有个银行柜员早上七点钟给主任发了条信息说"主任，我今天有事，请假一天"，这就弄得主任很恼火，这不是请假，而是通知。主任无奈，只得立即找替班人员上岗。请假最好要提前申请，但不宜太早，以防工作出现变数。请假前务必做好 B 计划，包括手上的工作要有 B 人员及时顶上，以预防遇到紧急事件等。请假期间要保持通讯畅通，上班后及时销假，并向领导和代办同事致谢。

王丽负责公司一个很重要的项目，明天终于要签约了，老板晚上还特地给她发了一条短信，要求她上午十点的会议一定要准时参加。

但没有预料到的是，王丽的女儿突然在第二天早上发起了高烧。因为老公出差了，所以王丽权衡再三，只能自己送女儿去看病。于是她赶紧给老板打电话过去请假，但那边一直没有人接，王丽把孩子安顿好后，马不停蹄地就往公司跑，但最终还是迟到了。看着满头大汗的王丽，老板也没有给好脸色。

王丽一脸的委屈，觉得领导不近人情。但从领导的角度看，这个项目很重要，王丽应该在突发状况发生时做好备案。比如打不通电话，先给领导发信息，再找自己同项目组的同事帮助接替一下，并告诉对方注意事项，不致影响工作。

28

不传递模糊信息

信息沟通涉及环节众多，从发出者到接收者，受各自自身条件、沟通工具、沟通场景等众多因素影响，信息在交流后，往往会产生偏差或歧义，但职场沟通涉及具体的人和事，人们渴求具体明确的意见，以便采取下一步行动。

但长期以来，一些职场经验丰富的人喜欢说话留三分，似是而非，故弄玄虚，自以为高深莫测，要对方连猜带蒙，这种做法实际上是没人喜欢的。心理学家埃尔斯伯格认为，人们普遍排斥模糊性，更倾向于选择确定的信息。

　　微信是当下人们使用较多的社交工具之一。很多人或许都有这样的感受，比如突然收到一条微信信息："在吗？"大家都会觉得不太舒服，这真切地反映了人们这样的一种心理：不喜欢不确定性。因为我们不知道微信那端的人的真实意图。避免这种情况的方法就是，在询问别人的同时，直接向对方表明自己的意图。让对方有安全感，即使你有请求，对方也可以根据实际情况来决定如何答复你。比如在问了"在吗？"之后，再具体地说，"我这会儿有份材料要送给你，在的话，我现在就过来"。这就属于确定性的信息，就不会让人反感，或者产生排斥心理。

29
学会管理微表情

职场金句

● 你的表情不代表你的全部，却是第一次见你的人看到的全部，尤其是在职场上，你是个怎样的人不是重点，重点是你让别人觉得你是个怎样的人。

　　职场人相处的真与假，实际上是很容易判断的。话说得再动听，用词再优美，但如果对方眉头紧锁、眼神涣散，我们还是会觉得不舒服。这个时候，我们就是在通过观察对方的表情来判断对方态度。微表情容易出卖你的真实想法，所以一定要学会管理自己的微表情，以免给人留下负面印象。

你的表情不代表你的全部，却是第一次见你的人看到的全部，尤其是在职场上，你是个怎样的人不是重点，重点是你让别人觉得你是个怎样的人。因为在对方与你交流的过程中，对方必然会结合交流过程中的微表情来形成对你的判断，从而形成印象标签。而职场中，第一印象往往很重要。

笔者20多年前曾经在单位做部门负责人。那一年，分配到我部门的两个女孩是同一学校的两个同班同学，暂且称之为小丽和小红。小丽同学面容姣好，见到人都是满脸带笑，而且真诚灿烂，同事们从来就没见过她黑过脸。相反，小红有点呆板，让人觉得严肃、不好相处。其实，小红也是个比较单纯可爱的姑娘，只是没有小丽会表情管理，也不擅长语言表达。两个人工作一年以后，事业发展就慢慢拉开差距。如今的小丽，已是一名处级干部。

30

小细节，大修养

职场金句

● 小细节看似无关紧要，却能体现出一个人的修养，甚至左右一个人的社交关系的好坏和事业的成败。

● 小细节处理得好，也能帮助我们解决大问题。

职场交往中，经常会有一些看似微不足道的言行举止，影响到个人的形象。比如，当众打哈欠，尤其是别人正在滔滔不绝发表意见时，当众掏耳朵和挖鼻孔，当众剔牙，当众搔头皮，双腿抖动，等等。这些小细节看似无关紧要，却能体现出一个人的修养，甚至左右一个人的社交关系的好坏和事业的成败。

细节决定成败，改掉那些令人生厌的小毛病，是很有必要的。另外一方面，小细节处理得好，也能帮助我们解决大问题。重视小细节，往往能起到非凡的作用。

一家大型企业的人力资源部要招聘一名主管。招聘当日，应聘者众多，地上散落的废纸被应聘人员的鞋底踩得乱七八糟。

接近尾声的时候，招聘方的主考官看见不远处的一个人正由远及近地边走边捡地上的废纸。主考官走上去，问他为什么要捡这些废纸。这个人回答说："看看这些纸还能不能用，再说了，散在地上也影响环境卫生。"

主考官脸上顿时露出了欣慰的笑容。原来，这也是招聘方设置的一道无声的加分考题。这位应聘者捡纸的细节，帮助他从众多应聘者中脱颖而出。

PART TREE

—

赢得上司赞赏

31

忠诚比能力重要

职场金句

- 大多数过错可以被原谅，但不忠诚除外。
- 在职场中，忠诚应该有个限度，超过了限度就是盲从。

有人说过这样一句话：在职场中，多数过错可以被原谅，但不忠诚除外。无论是在社会上还是在职场上，这句话都非常有道理。员工要想获得老板的赏识，赢得加薪和晋升的机会，对老板忠诚是最基本的条件。

忠诚，通俗一点说，就是要跟老板一条心，对工作尽心尽力。要做到忠诚，至少要做到以下三点：一是执行不找借口，不折不扣完成领导交办的任务；二是不损害公司的利益，不以公司利益谋取私利；三是与公司同甘共苦，切忌身在曹营心在汉，这山看着那山高。

面对同样不忠诚的员工，老板甚至会用能力比较差的人，而不会用能力比较强的人。为什么？很简单，同样不可靠，那种没有能力的人，即使想搞鬼也搞不出太多的花样，而一个有能力而不忠诚的人，是会让老板如芒刺背的。

但是，忠诚也应该有个限度，超过了限度就是盲从。盲从就意味着可能去做不该做的事情，不仅会被抓住把柄，还会给自己的职场生涯留下污点，影响事业的发展。

当然，我们现在说职场忠诚，并不是说要对一家公司从一而终，而是说你在一家单位工作一日，就得全心全意为这个公司尽责一天，对自己的工作认真负责。

诸葛亮作为一代名相，可以说是大家耳熟能详的人物，其雄才大略被人们所称道，而他对刘备父子的忠诚更是为人所动容。在刘备的再三邀请下，诸葛亮答应辅佐刘备，并表达了自己的忠诚之志："将军若不相弃，愿效犬马之劳。"

"白帝城托孤"的故事更是令人称道，诸葛亮在刘备临终之前承诺：望陛下好好安息，臣等一定全力辅助太子，一直到死了为止。

后来，蜀国岌岌可危，幼主刘禅少不更事，但诸葛亮基于刘备对自己的厚爱以及对后主刘禅的信任，不改初衷，忠心如初。当别人劝他时，他只是回答："受先帝托孤之重，唯恐他人不似我尽心也。"

32
与领导保持同频

● 领导也喜欢跟与自己有共同喜好的人交往，跟与自己有
　相同价值观的人深度交流。

　　自古志趣相投最难得。领导也喜欢跟与自己有共同喜好的人交往，跟与自己有相同价值观的人深度交流。不同频，易出局。

　　在职场中，为了表示跟领导站在同一个阵营，是领导的跟随者，我们要通过某种方式展示出来，让领导知

道。在生活中，可以留意对方的兴趣爱好，投其所好，"对症下药"。比如，领导喜欢打乒乓球，下属中打乒乓球的人就会明显多起来；领导喜欢摄影，下属中热心摄影的人也就不在少数。这些特长与爱好，是我们除正常努力工作之外与领导相处的桥梁与纽带。

在工作中，如果我们认真观察，就会发现很多人在写文章、做报告中，会学习、引用、模仿领导的文章、语句、语调，这也会让领导产生熟悉感和亲切感，觉得你很重视他的发言和要求。

日常工作中，很多年轻员工尤其是高才生，往往不屑于此，认为这是一种投机取巧的把戏，职场上的发展应该凭本事、凭业绩。这话是没错，但是，在同样努力工作的情况下，沟通能力强的人在职业发展的路上会走得更远。培养共同的爱好，是为了获得更多的机会，是对自我的向上管理，这不仅能赢得上级和同事的认可，促进彼此间的关系，而且在资源和配合上也能得到更多支撑，对自己的职场发展是锦上添花之举。

嘉靖皇帝喜好青词。礼部右侍郎顾鼎臣因擅长青词得到嘉靖帝的信任，很快升任吏部左侍郎、掌詹事府，接着进礼部尚书、仍掌府事。"十七年八月，以本官兼文渊阁大学士入参机务。寻加少保、太子太傅，进武英殿。"后人称"词臣以青词结主知，由鼎臣倡也"。由此而开启了以后三十多年词臣撰写青词的人生。

到嘉靖帝中年以后，专事焚修，内阁辅臣、朝廷九卿、翰林院的学士皆供奉青词，为皇帝撰写玄文，"工者立超擢，卒至入阁"。嘉靖帝移居西内后，在西苑设置了直庐，钦定几名侍从大臣在无逸殿值班，晚上就睡在直庐内，不得随意回家，以备皇帝一旦要撰写青词时随叫随到。

对当时的廷臣来说，能够入住无逸殿是一种特殊的尊崇和荣耀。这些人无不殚精竭虑、绞尽脑汁撰写青词，借以求得嘉靖帝的宠信。青词贺表撰写得好坏，是否符合嘉靖帝的心意，决定着这些人是否能够飞黄腾达。

33 学会向上管理

- 向上管理是指为了给公司、上级创造更好的价值，为自己取得更好的结果，而有意识地配合上级工作的过程。
- 改变领导风格比改变环境条件要困难得多。

　　管理从流程与方向上分析，基本上都是上级依据法定层级和授权管理下级，但作为下级，我们也不能一味地被动接受上级管理，而是要找准时机，用好方法，主动向上管理。

　　向上管理指为了给公司、上级创造更好的价值，为自己取得更好的结果，而有意识地配合上级工作的过程。这种管理不是指挥或命令，而是通过妥善的方式与领导沟通，反映你的情况，展示你的能力与业绩，赢得领导理解与支持，让领导采纳你的意见、建议，这样既便于上级更科学精准地决策，也为你自身的发展搭建了一条通道。

美国著名管理学专家弗雷德·菲德勒认为，改变领导风格比改变环境条件要困难得多。因此向上管理的难点在于技巧性沟通，让上级自己决定是否需要改变。

影响领导的七个小技巧：

- 不要让领导觉得下属存心让他改变。
- 先和同事商量以争取支持。
- 提供信息让领导自行改变。
- 不要隐瞒，保持诚实和信任。
- 迎合他的长处，尽量避开他的短处。
- 适应彼此的个性和风格。
- 有选择地利用他的时间和资源。

34

合理设定领导的预期目标

● 合理设定领导对你的预期目标，不是小聪明、小手腕，
　　而是一种职场生存策略。

● 只有一开始就将领导预期锁定在合理的范围内，接下来
　　才能掌握工作的主动权。

　　职场人都知道，绩效是干出来的，也是比较出来的。
这种比较，不仅是同行或企业内员工之间比，更重要的
是工作结果与领导期望值相比较。比如银行员工揽存吸

储，客户经理甲吸收的存款余额为 1000 万元，柜员乙吸收的存款余额为 800 万元。若单纯比数字绝对值，甲明显好于乙。但如果领导给甲设定的期望值是 1500 万元，给乙设定的期望值是 600 万元，那在领导心目中，对乙的评价将明显高于甲。

那么，员工如何发挥个人影响力，有效引导、协调和超过领导的预期，实现效果最大，副作用最小呢？这是职场人士的必修之课。

合理设定领导对你的预期目标，不是小聪明、小手腕，而是一种职场生存策略。因为，只有一开始就将领导对你的预期锁定在合理的范围内，接下来才能掌握工作的主动权。

当领导给你一个目标、一项工作时，一定要跟领导将细节沟通清楚：领导为什么要做这件事？为什么要交给我？他希望达成什么样的目的？他会为之投入多少资源？我心里预期的最低标准是什么？

某公司曾经有一个项目，大概需要 10 个人花费 100 天才能做完。老板有意让年轻的项目经理小王负责，但希望工期能缩短。小王看着老板满眼的期待，也有点逞强好胜，咬咬牙一口答应用 60 天完成。老板听了小王的表态后，非常满意。但没想到的是，尽管小王带队多方努力，巧干加苦干，但最终还是用时 92 天才完工。老板的期望落空后，对小王的态度也发生了改变。

其实在很多企业，每年下达预期目标的时候都是员工博弈最厉害的时候，有一句行话是："哪个不是一年英雄一年狗熊？"因为第一年完成了预期目标，老板第二年自然会加码，你完成的难度就会增加。同预期目标一样，对于老板下达的工作目标，你一定不要把话说满，要给自己留下腾挪的空间和余地。

35
及时向领导汇报

美国作家马克·麦考梅克曾说："谁经常向我汇报工作，谁就在努力工作；相反，谁不经常汇报工作，谁就没有努力工作。"

的确，向上司汇报工作是你职场晋升的垫脚石。有人从管理学角度说，员工向领导汇报的工作永远少于领导对他的期望。领导交代的事务、布置的工作要及时反馈。要根据工作的进度及时采取多种方式向领导汇报，千万不要等工作全面完成后才汇报，更不能自以为工作已经做完了，就不必多说，要让领导放心，不给领导误解的空间。比如领导让你送一份材料，送到后也要回复领导已送到，并通知收件人。

主动汇报，在领导和同事眼中，不仅意味着你尊重他们，他们也会觉得你工作认真细致、做事靠谱。对员工来说，应该让领导知道你的工作成绩，在工作中碰到了什么困难，如果自己解决了，可以在领导面前展示你的工作能力，不能解决，也可以抓住时机向领导请教。如果员工在工作中总是及时、主动汇报工作情况，有时候即使领导在出差，也会有员工就在眼前的感觉。但如果领导整天看不到员工的身影，听不到员工的声音，感觉他好像很忙，却不知道他在干什么，领导甚至会怀疑他整天在办私事。面对这两种表现不同的员工，领导会赏识哪一个？答案是不言而喻的。

汇报得法。有人天天想着向领导汇报，但不得法，眉毛胡子一把抓，领导听了半天不得要领，次数一多，反而会引起领导反感。有人请示问题，只会让领导做填空题、简答题，而不是选择题，让领导失望。如领导喜欢看纸质材料，你偏偏发一份电子文档，而且你还不及时提示一下领导，导致领导错过时间。这种情况，你只会越做越错。从汇报结构来看，目前比较流行的汇报模板是麦肯锡倡导的金字塔原理，该模板由一条主线分层次展开，结构合理、条理清晰、重点突出，建议大家使用。

场景合适。领导公务繁忙，事务众多，情绪也有起伏，汇报要取得良好效果，也得注意场景。比如，领导在接待贵宾，你去敲领导办公室门就不妥；领导拿着公文包准备外出开会，你拦在电梯口滔滔不绝，估计领导也没心思听你说话；外部监管机构检查查出单位一个重要问题，领导刚受到上级严肃批评，你急不可耐去汇报，估计等候你的只会是领导阴沉的脸。

贺嘉是一名 CEO 演讲教练，给多个大型企业高管做过培训。但曾经的贺嘉，拿着 4000 元的薄薪，坚持了三年，也曾以为少说话、多做事就能等来机遇。现实给了贺嘉当头一棒，上级提拔了同事 A。

"凭什么？明明我付出最多、业绩最好。是不是那家伙比我更懂揣摩上级心思？"贺嘉决定找上级聊聊。

"很简单，因为你不会汇报工作。你的业绩最好，可 A 也不差啊,同等情况,那我们肯定选择更擅长做工作汇报的,省心。"

说到底,一句话:你不说,再能干,老板怎么知道?

36

汇报重视量化表达

跟领导汇报工作时，切忌眉毛胡子一把抓，无头无脑。无论是展示成果还是过程，量化表达都能让领导一目了然、少费脑筋。

比如，向领导汇报销售目标是否达成时，要加上时间，如提前了 10 天完成目标；要加上数字，如达到 500 万元销售额，超过原计划 20 万元；要加上比例，如市场占有份额提高了 2 个百分点；等等。这些量化的数据都会实实在在地展示你的工作成果，并达到更好的效果。

同时，也要注意汇报的形式，要具可视化。在进行正式汇报时，将数据制作成漂亮的图形、表格，进行视觉化呈现是非常重要的。人们都喜欢看赏心悦目的文档。PPT 做得好的人更容易升职，就是这个道理。

有一名记者采访了一个日本的世界 500 强企业的老板，记者问他中国员工跟日本员工有什么区别，他说日本员工回答领导的问题时都是数字，中国员工回答老板的问题时全是词语。

老板问，报告什么时候交给我。日本员工会说，明天下午 6 点 30 分之前，我会把 1500 字的报告发送到您的邮箱里，做不到的话我自罚 1000 元。

中国员工会说，老板你放心，快做好了，我抓紧时间。

一个是数字，一个是词语，所以今后我们如果向领导汇报工作一定说量化的、数字化的语言。

37

越级汇报是"雷区"

　　职场是一个等级管理系统，绝大多数单位都是社会
学家韦伯所说的"官僚"型管理体制，每一层级根据职责、
权限分配开展工作。越级指挥、越级汇报打破了这一正
常秩序，除特殊情况外，职场最忌讳越级。

　　和领导沟通，必须记住的一条"死亡警戒线"，就

是不到鱼死网破的时候，不要越级汇报。如果一个基层人员跳过中层管理者直接向高层领导汇报，由于信息面、战略安排、个人关系、权威影响、认知差异等因素，中层管理者必然会对基层人员产生怨言，尽管很多时候并没有直接说出来。如果高层领导没有认真分析与比对，也会产生误判。如高层领导要求你越级汇报，除领导专门要求保密外，一般宜口头（重要话题为书面）向自己的直接领导做个简要汇报，以免被误解。

在实际工作中，除非你的直接上级联系不上，或意见分歧很大，否则不要越级汇报，越级汇报时也一定要注意方式和方法，要阐述跟直接领导的沟通情况，从整个单位利益角度，客观、全面陈述事实，提出你所面临的主要问题及解决方法。越级汇报后，也得根据上级领导的意思做好与直接领导的信息沟通。

经理下午临时有事出去，走前交代项目组王组长，有什么事情要打他手机。下午碰巧就有大事发生，必须请示经理做决定，可经理的手机偏偏又打不通。如果这个问题解决不及时，会导致公司的业务不能正常运转，整个项目组都无法承担这种责任。情况紧急，王组长决定向老板汇报此事，虽然王组长也清楚越级汇报不好，可确实顾不上那么多了。

老板问王组长："之前我怎么没听你的经理说过此事？现在你想怎么解决？"王组长立即说出了自己的解决方案，老板同意了。

第二天，王组长第一时间跟经理解释了这件事，但经理还是很冷淡地说："出了这么大的问题，为何不给我打电话？"王组长再次一番解释，但显然经理依然难以释怀。

38

请示工作要带上解决方案

- 要学会请领导做选择题，而不是让领导做问答题。
- "先见林，再见树"，请示工作一定要先从基本任务谈起。

　　遇到问题时请示领导，这是职场正常的工作行为，但有些人不思考、图省事，直接拿着问题请示领导，自己没有思考和解决方案，领导一时也很难了解清楚问题，很难快速想出相应对策。即使领导能给予正确的指导，但对只给问题、没有提供选择方案的请示，领导都不会太满意，甚至会对你的工作能力或工作作风有所怀疑。在职场，大家要学会请领导做选择题，而不是让领导做问答题。

"先见林，再见树"，请示工作一定要先从基本任务谈起，告诉上司你的目标是什么，目前进度如何，哪些地方需要他提供意见；明确告诉上司自己制定出的可行方案，包括具体的做法、工作项目、期限以及必要的人力资源等。

小张大学毕业后，顺利进入一家企业工作。因为是新人的缘故，工作中经常遇到问题，小张会积极请教同事或领导，领导和同事也乐于指导和帮助他。可是时间一久，大家逐渐发现小张遇到问题，几乎从来都不思考。部门领导也是不胜其烦，只能内部对其转岗，让小张去了其他岗位。

相比之下，同期入职的小李，遇事总是多留几分心，考虑问题也比较全面，能站在领导的角度考虑问题，提供解决方案。在请示领导时，小李也总是能带有自己的思考，还会提供不同的解决方案。久而久之，部门经理对小李就形成了办事靠谱的印象。

39

让领导有优先信息知晓权

职场金句

● 让老板信任你，首先要"送"他一个权利：知情权。

　　著名商业咨询顾问刘润曾说，让老板信任你，首先要"送"他一个权利——知情权。

　　如果说知识就是力量，那么掌握信息就是掌握了控制权。谁先获得了信息，谁就拥有了相对应的话语权，也会形成相对应的控制权。所以，掌握信息也是掌握了一种权利。

在职场中，领导经常会问下属"我怎么不知道""你怎么没汇报"，说的就是下属剥夺了领导的信息知情权。作为员工，要让领导第一时间知晓信息，而且知晓得要比别人多，这是我们应该做到的。

当然，有些事情是动态的、不断变化的，我们不能实时汇报，但要尽量及时汇报。领导一般喜欢业务能力强的人，因为这种人能创造价值。同时，领导也喜欢信息收集能力强的人，这些人能经常提供内部的、外部的、领导的、员工的信息，相当于为领导多长了几双眼睛、几只耳朵，他们也会逐渐成为领导的心腹。

著名商业顾问刘润在他的收藏夹里，记录了这样一条信息："老板，您交代的事情我已经在办了。昨天去拜访了客户，张总不在，说要下周回来。我和他的同事聊了一个小时，很有收获。根据沟通，我会修正一下方案，这周三前发给您邮件。我下周一会再去拜访。有进一步情况，我再向您汇报。"老板看到这样一条微信，只会说一个字：好。但是，这个"好"字背后，是放心，是信任。

40
公开的越级机遇要珍惜

　　职场忌讳越级汇报是事实，但一个人要想在职场中
快速发展，如果能得到更高层领导的关注，那机遇就会
很大。有时候，足以改变你职场生涯的机遇也不过那么
一两个而已，机遇比真爱还要稀少。因此，合理、合规
的越级沟通机会格外重要。

另一个事实是，职场中也会遇到一些公开的越级汇报机会，这是非常难得的，一定要认真准备和珍惜机会。其中，最常见的是高层领导调研视察，高层组织的公开的征求意见，有高层领导参加的汇报会、演讲会。

某银行市级分行行长张某新到任，为尽快熟悉情况，他马不停蹄地到所管辖区 12 家支行调研。参加调研会的对象是支行行长室成员、业务团队经理和个别业务骨干员工。

夏军是某支行的公司客户经理，接到参加调研会的通知后，他用两天时间对支行各项业务做了分析，也专门了解了当地银行同业业务情况，分析了支行业务发展存在的问题，列出了下一步工作建议。

调研会由支行行长主汇报，当分行张行长在征询其他人员有没有补充意见时，夏军举手示意发言。夏军的汇报既接地气，又符合上面要求；既谈问题，又提工作建议；既有数据分析，又有案例佐证，一下子引起张行长的浓厚兴趣和高度关注。三个月后，夏军以一个客户经理的身份被破格提拔到另一个支行任副行长，实现了职业生涯的一个跨越。

41
善 归 于 上

● 大巧若拙，大辩若讷，聪明的人擅长匿强显弱，就好像
  大智若愚。

《道德经》里有一句话，"大巧若拙，大辩若讷"，意思是聪明的人，平时却表现得笨拙，虽然能言善辩，却好像不会说话一样。言外之意，聪明的人擅长匿强显弱，表现得大智若愚。因此，聪明的人总能将自己取得的成绩归功于上级领导的大力支持、正确领导。

　　自古以来功高不盖主。其实，绝大多数领导是很聪明睿智的，你把成绩归功于领导，他是会从中看到你的努力和付出的，领导最终不会抢占你的功劳。如果你自认为成绩的取得全靠你个人的努力，一味贪功，今后也许会失去领导的支持。如果遇到心胸狭隘的领导，不仅不会帮你，甚至会暗中使劲，让你无法成功。

　　当工作中出现问题，没有达到预期效果时，作为下级，要主动承担责任，多从自身找原因，切忌一味埋怨上级，把责任推到领导身上。为领导担责，领导心知肚明，也会肯定你的担当精神。

　　李泌在唐德宗任上时担任宰相。西北少数民族回纥族出于对他的信任，要求与唐朝讲和、联姻，这可给李泌出了个难题。德宗皇帝因早年在回纥那里受过羞辱，对回纥怀有深仇大恨。果然这事遭到了德宗的拒绝："你别的什么主张我都能接受，只有回纥这件事，你再也不要提了，只要我活着，我绝不同意和他们讲和，我死了之后，子孙后代怎么处理，那就是他们的事了！"

　　李泌知道，好记仇的德宗皇帝是不会轻易被说服的，如果操之过急，不只办不成事情，还会招致皇帝反感，给自己带来祸殃。他便采取了逐渐渗透的办法，在前后一年多的时间里，经过多达15次的陈述利害的谈话，终于将德宗皇帝说通。李泌又出面对回纥的首领做工作，使他们答应了唐朝的五条要求，并向唐朝皇帝称臣。这样一来，唐德宗既摆脱了困境，又挽回了面子，十分高兴。他问李泌："回纥人为什么这么听你的话？"极富政治经验的李泌对自己的功劳只字不提，只是恭敬地说："这全是仰仗陛下的威名，我哪有这么大的力量！"

听了这话，德宗很高兴，对李泌更加宠信了。

42

领导的话，不能全当真

俗话说得好，"慈不带兵，义不养财"，意思是太仁慈的人不适合带兵打仗，而非常讲义气的人不适合做生意、管理钱财。老板们自然懂得这个道理，在管理员工时"打一巴掌给一颗糖"，一番慷慨激昂的话就能让一些员工掉进蜜罐子里，开心地完成工作。所以，一定要明白，老板说的话，有些是场面话、客气话，如果当真你就是犯傻。

　　领导讲话，由于不同的时空环境，有不同的含义。有的话，是即兴之语，其实并没有那方面的意思，他也以为员工并不在意，殊不知，有的员工会很当真；有的话，是领导为了应对当前场景，比如"行、行、行，我没意见，马上开会研究""小伙子，干得不错，接下来重点培养"，你记在心里窃窃欢喜，也许两个月后，领导已忘了这事；有的话，是领导一时误判，"你们抓紧时间办，出了事我负责"，等真有了事找他，估计他也不会认账。不管怎么说，按规章制度办事，才是应对根本。

　　比如，有的领导经常说，"有事就请假，单位的事重要，个人的事也很重要，不要有负担"。但当下属真有事请假的时候，第一回还好说，基本能批假，再接下来，要么批假时间打折，要么电话不断，要么背后评价"某某某私事真多，工作一点都不上心"。

　　最不能信的领导说的十句话：

- 这事成了给你涨工资。
- 这事我做不了主。
- 有什么困难尽管说。
- 大家畅所欲言，不要怕我听了不高兴。
- 我不提倡加班。

- 你的个人工作能力很突出。

- 你的潜力还是很大的。

- 别把我当领导，当朋友。

- 开个短会。

- 以后升职机会是非常多的。

43

学会适当给领导派点活

职场金句

● 在工作推进过程中，如果遇到困难，一定要有勇气"指挥"
老板，发挥老板能量。

在工作进程当中，如果遇到需要协调的事情，你完全可以诚恳地向老板发出请求。让老板帮助协调资源、搞定关键客户、争取高层支持等。

在职场中，每个级别有每个级别的能力圈，要接受有的事情确实是你这个级别推动不了的，这并不是能力问题，而是你所处的位置和占据的资源决定的。在你看来千难万难的事情，可能对于领导来说就是一句话的事。

因此，在工作推进过程中，如果遇到困难，一定要有勇气"指挥"领导，发挥领导能量。

实际上，大部分领导也乐于发挥自己的作用，展示自己的能量。有些聪明的职场人士还会把请领导帮忙看成是一种有效的向上管理的手段，是与领导密切关系的重要途径，会有意经常找领导汇报，请领导支援。

电信公司客户经理小夏在连续跟踪了交通运输部门智慧车载系统三个星期以后，无功而返。即便小夏费尽功夫，但他递上去的项目建议书还是石沉大海，甚至连对方拍板的人的面都没见着。

后来，一个偶然的机会小夏知道了自己的领导因为别的项目和交通运输部门的李总非常熟悉，于是他大着胆子向领导求救，希望领导能以首席客户经理的身份约对方见一面。领导欣然同意，一个电话就让事情出现了转机。

44

不当面顶撞领导

职场金句

● 当面顶撞领导就是挑战领导权威。

● 维护领导尊严，是职场基本要领。

领导意味着权威，当面顶撞领导就是挑战领导权威。领导批评自己，批评到什么程度，无论什么原因，在什么场合，一般宜当时接受，不宜当场公开反驳（除非是两个人私下谈话），更千万不能受情绪影响，与领导进行争执，甚至对骂。

日常工作中，一个人如果太强调自我，无法容忍领导当面对你的批评，动不动就牢骚满腹，顶撞领导，虽然可以逞一时口舌之快，但后果很严重。领导希望的是员工诚恳、虚心接受批评，而不是当面顶撞。有时候，领导因所掌握的信息不全或不准，或领导情绪不佳，可能会批评错了，这种情况也不是说就要我们不明不白地"背锅"，而是可以在事后找机会去沟通。尊重领导不等于盲从，不等于没有自我，我们既要有"斗争精神"，也要有"斗争艺术"。

维护领导尊严，是职场基本要领。

叶健在一家公司干了五年，有一次因工作上的问题与老板发生了激烈争吵，事后证明叶健是对的。之后叶健的工作依然像以前一样忙碌，老板也没有再提什么。只是往后的日子，每次公司有加薪或晋升的机会，叶健都被"靠边站"。

叶健最终选择了离开。离开公司那天，叶健内心很平静，波澜不惊地跟老板谈了自己的想法和原因，然后客气地相互祝愿。但临走的那一刻，叶健还是忍不住问老板："我一次次晋升无望是不是因为当面顶撞您那件事？"老板先是摇了摇头，后又肯定地点了点头说："你要记住，没有哪个老板愿意被人顶撞，哪怕只有一次！"

45

自作主张是大忌

职场金句

● 你可以献策，但不能做决策。

● 自作主张会使自己陷入"聪明反被聪明误"的困境。

要想成为领导信得过、肯重用的员工，就必须找准自己在职场中的位置，根据自己的职责权限开展工作。分内事，按规定办，分外事，无论领导与你关系如何，都不得擅自替领导做决定。你可以献策，但不能做决策。即使你做这些事是"好意"，但也可能事与愿违，给自己带来极大的麻烦，使自己陷入"聪明反被聪明误"的困境。

有时候，员工自作主张所产生的后果，对单位不一定产生不良后果，甚至反而有益，但这对职场等级及人际关系常态所产生的冲击，确实十分明显。所以，几乎所有领导都反感下级自作主张。员工的越权行为，是忽略领导的存在，挑战领导的权威和单位等级管理制度，自然会受到领导批评。如果情况紧急，无奈自作主张，也要在事态平稳后第一时间向领导汇报，说明原因，请求指示。

有一天经理出差去了，实习生小王接了一个原本由经理直接负责的贸易供应商打来的电话，对方催促说："签合同那件事办得怎么样了？"小王因为平时常常帮经理办事，对这个业务比较熟悉，非常明白要领，就自己处理了。

经理出差回来后，小王向他报告这件事，原以为会受到他的表扬，结果他却对小王大发雷霆。原来，经理出差就是特地去跟另一家供应商谈合作，打算换掉原来这家。这件事在秘密进行中，小王这么自以为是地帮经理处理，却坏了他的局。

46
帮助领导做正确的决策

- 有时候领导也不知道他要什么，他只是在不断试错，不断寻找正确的方向。

- 很多时候，用学生思维老老实实完成领导的指令，领导也不会满意。

　　职场人士的一大痛点就是修改 PPT。每次要准备的材料都是按照领导列的提纲、修改的内容去做的，可是完成之后，领导总能找到新的灵感去推翻原有的思路和框架。

　　这种情况告诉我们，有时候领导也不知道他要什么，他只是在不断试错，不断寻找正确的方向。

如果领导一开始也不知道自己要什么，这个时候，你用学生思维老老实实地完成领导的指令，领导也不会满意。无论你怎么做，被领导责骂也是难以避免的。这个时候，你一定要有能力帮助领导做出正确的决策。很多时候领导不满意工作的结果，可能不是你没有按照领导的交代去办事，而恰恰是你完全放弃了个人主动性和专业领域的建议权，没有让事情走在正确的轨道上。

在张利华的《华为研发》一书中，记载了这样一个故事：开会时她提议，华为应该尽快立项3G手机，否则会失去巨大的市场。任正非一听，立即拍桌子说："华为公司不做手机这个事，已早有定论，谁又在胡说八道！谁再胡说，谁下岗！"

张利华仍清楚地记得当时会议室凝重的气氛，任正非的声音洪亮，他的话一出来，立即就没有人敢吱声了。但是张利华没有放弃，她亲自调查手机销售情况，给高层写专题报告，并找到机会再次向任正非汇报，最终得到了任正非的认可，一下子决定拿出十个亿来做手机！

事实证明，张利华帮助任正非做出了华为历史上最成功的决策。

47

有些事只能做，不能说

● 职场是一个大江湖，要想混得好，学问真不少。就日常表
现而言，有时候需要显山露水，有时候更需要沉默寡言。

　　有人说职场是一个大江湖，要想混得好，学问真不少。
就日常表现而言，有时候需要显山露水，有时候更需要
沉默寡言。如在执行一项任务时，根据组织安排开展工作，
你为领导起草了一份会议发言材料，领导讲完话后反响
很好。这个时候，你不必到处宣扬说"领导的讲话稿是

我写的"。

特别是帮领导办事，更要牢记"谨言慎语"。领导因私事请你帮忙，是信任你。如果你为了炫耀领导对你的信任，只要对一个人讲了，一定会"一传十，十传百"，最终会传到领导耳中。

俗话说，"刀只有一刃，舌却有百刃"，说出口的话能演绎成什么样，就不受你控制了。

　　单位新任的一把手需要发一个快递，业务部小于接到电话后很快就帮领导办好了事，内心抑制不住激动，新领导才上任一周就请自己去办事，肯定是自己给领导留下了好印象了，便忍不住在不同场合跟同事们吹嘘起来。不料，他的话很快传到新领导耳边，新领导感觉小于人不够稳重，还很不成熟，很快就把小于晾到一边了。

48

"树立威信" 是新官上任第一把火

职场金句

● "树立威信"，是古今中外许多领导为树立自己的权威所惯用的手段。

● 新官上任三把火，小心引火上身。

新官上任三把火，小心引火上身。新官上任，必然要有动作来展示自己的能力，树立自己的威信。三把大火，最常用的一把火就是严抓制度建设，尤其是对违章人员的处罚，一般都会从严从紧，也就是常说的"树立威信"。"杀人立威"是古今中外许多领导为树立自己的权威所惯用的手段。初来乍到，下属不服，想整顿纪律，树立权威，不得不从"杀人"开始。

因此，如果单位新换了领导，各方面都要格外小心。否则，平时可罚可不罚的事情，肯定要罚，平时能轻能重的问题，肯定从重。所以，千万不要得罪新领导。

张作霖死后，杨宇霆和常荫槐仗着自己资格老，从不把新任统帅张学良放在眼里。开会的时候，杨宇霆甚至骄横地说："你不懂，别瞎掺和，我会做决定。"张学良忍无可忍，为了巩固权力，他不得不"杀鸡儆猴"。于是，他假装邀请杨宇霆和常荫槐到大帅府议事，二人没疑心，进去之后就被逮捕，旋即处决。

杨宇霆和常荫槐在领导面前飞扬跋扈，"拿村长不当干部"，张学良果断将他们干掉，这样新统帅的威信就会树立起来，其他人就会心生敬畏。

49
领导"身边人"很重要

● 领导身边的人看起来职务不高、权力不大，但在领导心中话语权很大。

　　职场人都希望领导对自己有一个好印象，而领导对我们的了解除了平时少有的接触，更多会受到身边的人言论的影响，而这些人看起来职务不高、权力不大，但在领导心中话语权很大，所以平时要适当与领导身边的人保持良好关系。你期待这些人帮你大忙，促成你的事情，他们可能没这个能力，但有些人盯着领导心理波动的节点上，说你的坏话，或者有意引起领导对你的反感，想要坏你的事，可能性会很大。

　　三国时期，曹丕和曹植都想争夺魏王世子的宝座，曹植是一个很有才华的人，文采过人，他知道自己的父亲爱才，又是一国的君王，所以恃才傲物，把其他人都不放在眼里，不理睬父亲身旁的其他人。

　　曹丕就不同，他知道自己的才华比不上弟弟，于是就在其他方面努力，对父亲身旁的每一个人都非常尊敬，并经常虚心向他们请教。每每为曹操送行时，他常常一语不发，扑在曹操身边大哭，曹操每次都感动不已，以致后来曹操身边的很多人都帮曹丕，连曹操的一个宠妾都为他说好话。

　　最终，曹操将曹丕立为世子。曹植则是留下了"本是同根生，相煎何太急"的悲叹。

50

领导单独狠批，是爱不是恨

职场事情多、任务重，尽管我们小心翼翼、努力工作，但也难免出差错，让领导失望。这个时候，领导会有很多种处理方法，批评下属是职场常态。没有被领导批评过的员工，不足以谈职场。

如果领导把你叫到办公室狠批一通，恨不得暴打一顿才解气，遇到这种情况，除了深刻检讨、向领导表决心，也别灰心，领导这是对你恨铁不成钢。如果领导对你不闻不问，表面上看是放你一马了，但实际上，你在领导心里的重要位置也就没有了。如果领导当众批评你，甚至上升到质疑你的业务能力、人品，那也是很不妙了。

办公室新来的员工王非头脑非常灵活，领导非常喜欢他，有什么重要的汇报，总带着他。

有一次，王非负责放映领导的幻灯片。他提前打开了文件，并在电脑上演示了一遍发现并无异样。于是，王非放心大胆地跟着领导来到了会议室，坐在电脑前准备辅助其汇报。没想到，在正式汇报过程中，领导预期的动画效果全部消失，现场很尴尬。会议室高层领导质疑的目光像聚光灯一样看向王非。王非觉得无地自容。关键时候领导救了场，说了声："新来的员工没工作经验，请大家原谅。"然后草草结束了汇报。

会后，领导把王非一顿狂批。王非本想解释已经演示过了。但领导说："别狡辩了，回去好好反思，下次让我看到你的进步。"

王非知道，领导在公开场合下已经为自己解了围，私下批评他是为了让他吸取教训。因此，王非没有气馁，开始梳理动画不能放映的原因，终于搞清了是播放的

PPT 的软件版本太低，无法放映高版本酷炫动画的缘故。

从那以后，王非再没犯过演示方面的错误，又通过良好的工作表现逐渐赢回了领导的信赖。

51

不在有矛盾的领导间传话

　　你的分管领导与另一个领导有矛盾，作为下属，你
是感到夹在他们中间左右为难，还是觉得有机可乘？与
有矛盾的领导相处时，其实很考验你的职场能力。

　　单位领导班子的构成各不相同，领导之间由于多种
原因，难免在工作上有分歧，私下里也可能和身边人或

下属议论几句，甚至还会说其他领导一些闲话。作为成熟的职场人士，每当遇到此类情况，只能点到为止，绝不能有意无意地传给对方。

有些人自以为是，以为找到了一个向其他领导效忠的投名状，殊不知，乱传领导闲话，不仅会加大领导间的分歧和矛盾，也会让自己失去良好的形象。如果领导间相互交涉，再点出你的姓名，领导们将为你贴上人品不佳的标签。

最佳做法就是：不加剧矛盾，不公开化矛盾，不夹在矛盾中间，这是一个下属必须遵守的。

小陈所在部门的主管和副主管一直就有矛盾，副主管平时没事的时候就会在小陈面前抱怨主管这不好、那不对，说主管不得人心等。有一次，小陈向主管汇报工作时，主管问小陈，副主管是不是经常在背后说他坏话，都说了些什么。小陈老实，就原封不动地把副主管说过的话复述给了主管。

没过多久，主管和副主管因为一项工作当众吵了起来，主管把小陈讲过的话都当众抖了出来。小陈尴尬得要命。更让他难受的是，作为副主管的直接下属，他的日子更难过了。

52

出色的业绩非万能

● 要想获取权力和影响力，要的不只是工作业绩，还必须引起别人的注意，并对业绩的评价标准施加影响。

职场中，很多人常犯的错误是以为只要有了丰硕的工作成果，就能获得重用和高待遇。社会心理学家大卫·斯库曼曾研究出"行为性承诺"这个职场规则：当你被评估时，你的领导对你的承诺以及他与你之间的关系，比你的工作绩效更重要。

领导看好你，对你好，你的任务指标完成得不理想，领导可能会归因为任务指标重，或时机不对，客观条件不好；领导不看好你，厌恶你，你的任务指标完成了，领导可能会归因为任务指标轻，或者你运气好。因此，要想获取权力和影响力，要的不只是工作业绩，还必须引起别人的注意，并对业绩的评价标准施加影响。

社会心理学家大卫·斯库曼曾研究过一个公共部门组织中的354位文职雇员的工作评价。他的研究发现，上司参与了招聘过程，其下属在绩效考核中获得的评价，高于被"继承"（员工的司龄比经理长）的雇员获得的评价，也高于经理当初不愿意聘用的员工。

这项研究表明，当你被评估时，你的上司对你的承诺以及他与你之间的关系，比你的工作绩效更重要。另一研究发现，比起工作绩效，员工的年龄和在公司任期长短对薪酬的影响更大。

53

领导挑你毛病是惯用管理手段

职场金句

● 遇到爱挑毛病、吹毛求疵的领导，我们要调整自己的心态，
  把它当作对方的一种管理手段。

● 没有得到老板的信任，做什么都是错的。

有些领导为了树立自己的威信，会千方百计在员工
身上挑毛病，打压员工自信心，让员工觉得自己做的很
多事非常愚蠢，从而盲从于领导。

遇到爱挑毛病、吹毛求疵的领导，我们要调整自己

的心态，把它当作对方的一种管理手段。我们如果把领导严格的要求当作对自己的一次挑战，就会认真对待，反复地思考，把工作做好。我们的工作能力、工作质量也会提高。如果我们把领导的严格要求当作一种痛苦，当作压力，当作对我们自己的歧视，那么我们一旦被要求，心里就会产生压力，进而抱怨，有负面情绪。不仅没有成长，还可能产生心理问题。

所以，遇到领导严格要求，我们要更努力地工作，感谢领导给我们的机会。遇到领导批评，要虚心接受，而不是抱怨，要看我们哪些做得不够好，哪些可以改善，哪些可以提高。当然，在很多情况下，我们还要学会分析，领导是真的对你的工作不满意，还是对你这个人不信任。

南宋名将岳飞为什么落得必死的下场？岳飞练的兵能打硬仗，对宋高宗来说，将他收为心腹对巩固皇权大有好处。但岳飞抗金心切，固执地要求增兵、增权，还提议建储，不按领导意图办事，拒绝升迁，这些行为都触犯了宋高宗的禁忌，甚至连他留意翰墨、礼贤下士，也会使皇帝疑神疑鬼。即使岳飞真诚表明要功成身退，准备在庐山东林寺度余年，宋高宗也根本不信。

对于岳飞来讲，他是遇到了一个爱挑毛病的领导吗？非也，其实是宋高宗对岳飞不放心。没有得到老板的信任，下属做什么都是错的。

54

领导不麻烦你，就是抛弃你

职场中，同事之间除了工作关系外，还有情感联结，
在平时的相处中，同事之间也会无形中形成不同的小团体。
大家都喜欢找与自己亲近的人帮自己办事，或者一起参与
社交活动。你与领导相处的时间长短，你与领导在一起时
空间距离的远近，很能反映出你与领导的关系。如果领导

外出应酬不再带你参加，工作上的事再忙，也不像以前那样交给你代办，你就要反思自己，领导已经冷淡你了。

聪明的职场人，善于从领导对自己的"小动作""小迹象"上，判断自己的发展前景是光明还是黯淡。比如：领导突然不给你安排重要工作了；领导突然对你不严厉要求了；领导突然对你相敬如宾、客客气气了。如果有这三种迹象，你发现后还不能跟领导明说，只能抓紧时间悄悄改正自己。

小汤是个专业型人才，业务能力在单位数一数二。他和单位分管副局长关系不错，副局长平时也很重视他，重要的工作大多都交给他来做，也因此收获了不少荣誉。可是最近，小汤发现副局长不给他交代任务了，甚至把一些重要的项目交给了平时和小汤关系不太好的员工。

小汤有苦难言，总不能对领导说："领导，你怎么不宠爱我了？"小汤暗地里打听，原来，领导想把他的同学安排进来当项目负责人，又怕小汤"功高震主"，因而"冷落"了他。没过多久，领导果然宣布：他的同学空降过来参与一个项目，并明确是项目负责人。小汤仍然参与该项目，遇到难事、麻烦事大家还是找他，但在这个项目里他只能屈居负责人之下。

55

"冷庙烧香"也会有意外收获

- 冷庙烧热香，自有贵人帮。
- 虽说"虎落平阳被犬欺，龙游浅水遭虾戏"，但也要知道，"金鳞岂是池中物，一遇风云便化龙"。

　　古人云：冷庙烧热香，自有贵人帮。谁都喜欢拜热庙，但热庙香客太多，你若是个小人物，你的香火钱若是少了，没人会记得住你。但冷庙的菩萨不是这样的，平时冷庙门庭冷落，无人礼敬，你若是很虔诚地去烧香，神对你当然特别在意。如果有一天风水转变，冷庙成了热庙，你有事去求他，他自然对你特别照应。

对于领导同样如此，对"后备"的、无实权的、暂赋闲的领导，要经常走访联络，这样很容易建立关系。一旦这些领导掌握实权，他们会给予你超值的回报。虽说"虎落平阳被犬欺，龙游浅水遭虾戏"，但也要知道，"金鳞岂是池中物，一遇风云便化龙"。对于暂时不得志的领导，你最好还是不要"欺"，而是要"冷庙烧香""雪中送炭"，将其经营为自己的人际关系，为自己多积攒一点福报。当然，这种行为要相对低调，不能引发在职实权领导的反感。

前不久，在某股份制银行，一则干部提拔任用公示引起人们热议，公示的对象是某县支行行长张某，新岗位是外省省会城市分行行长助理，如此跨度令人吃惊。据知情人透露，外省省会城市分行行长陈某曾有两年时间是张某的领导，后因年龄原因回籍贯地分行退居二线。

陈某退出一线岗位后，门前走动的人迅速减少，但张某仍然定期前往看望，也经常信息联系。

不久，因工作需要，上级重新启用陈某，并破格调任外省省会城市分行一把手行长。陈某上任后，反复向上级领导提出调用张某担任其助手，名不见经传的张某事业生涯迎来了新突破。

PART FOUR

—

营造团队氛围

56

学会经营职场形象

　　职场中，人人渴望成功，为了岗位、权力、待遇展
开了大量的竞争。而一个人的成功不仅取决于他的工作
表现，很大程度上也取决于那些可以帮助你发展职业生
涯的人是否愿意让你获得成功，是否愿意助你一臂之力。
这个时候，个人品牌形象就很重要，尤其是在传播媒介

非常丰富的情况下，打造什么样的人设，怎样打造人设，对你今后的发展至关重要。

成功者处世所能达到的理想功效就是"不见其人"，就有"久闻大名"的效果。好名声是立足职场的重要资本，只有把自己的名声经营好，才能得到别人的认可，才可能彰显自己的价值。

职场形象事关长远发展，职场上要有打造个人品牌的意识，是认真严谨、客观公正，还是勤奋好学，抑或多才多艺、反应快、主意多。好名声的积累，与财富积累一样，需要时间，需要付出，也需要正当的手段。以脱口秀节目闻名的奥普拉·温弗瑞，成功将个人品牌延伸到自己创办的杂志和有线电视节目中。经营个人职业品牌如同经营商品品牌一样，就是设计、规划、经营自己的职业生涯。外表、职称、职务是衡量个人品牌的外在的参考指标，除踏实肯干之外，也可以通过会议上多发言、多发表文章、展示具有独特风格的个人魅力等来打造个人品牌。

小刘是一家银行基层网点的普通员工，靠着日常阅读积累，时不时写点小文章，其文章经常被总分行发表，偶尔还会被外部第三方机构刊发。时间一久，小刘渐渐有了"会写文章"的个人形象。没多久，分行下辖的另一家支行办公室正好需要一个具有文宣优势的员工，小刘顺理成章地调岗，并且很快实现了职务晋升。

57

多个朋友多条路

● 现代职场已经告别了单打独斗的个人英雄主义时代，团队
  战斗力是取胜的核心要素。

● 朋友就是你的人脉，人脉就是钱脉。

人脉资源是一个人驰骋职场的重要法宝，现代职场
已经告别了单打独斗的个人英雄主义时代，团队战斗力
已是取胜的核心要素。

人脉即人际关系、人际网络，体现人的社会关系。
人脉并非与生俱来，除了依托出身、成长环境等先天性

因素外，更重要的是要靠自己开拓，不断去认识人，并维护好关系，形成合力。

值得注意的是，打造人脉资源，不仅仅是看微信上有多少好友、通讯录里多少联系人、与多少人喝过酒，不是记得有多高级别的官员或大企业家的名字，而是看能被你调用的有多少人、是哪些人。

每个人都有人脉，人脉也有高低、层次之分，而要做到构建丰富的高层级人脉资源，不仅需要你的人品得到大家认可，更重要的是你要有帮助他人的能力。社会是公平的，关系是互助的。切记，能耐小的人是很难有大人脉的，所以说，练好内功提升自己是打造人脉资源的关键之一。

每个人的发展都是动态的，今天的小兵可能就是明天的将军，你眼前的无名小辈也可能就是有硬背景的人。所以不要小看身边的陌生人，说不定哪天他就是你的上帝。打造朋友圈、拓展人脉资源，需要你开放的胸怀。

你拥有多大的朋友圈子，你就有多广的知名度，就有多大的可调动资源。

拼多多老板黄峥，只用了三年时间，公司就上市了，打破了创业公司的上市纪录。而黄峥可以做到这样，与他擅用人脉资源分不开。

2001年，黄峥在浙江大学上学期间，在网上发表了一篇文章吸引了网易创始人丁磊的注意，后来两人成了好朋友。丁磊非常欣赏黄峥，经常和黄峥交流问题，并将其带到互联网圈子。

2006年，如今OPPO、VIVO智能手机掌门人段永平，建议黄铮去当时还没上市的谷歌就职，为黄铮带来了巨大的财富与人脉。此外，腾讯掌门人马化腾，也为拼多多提供了巨大的帮助。在微信中拼多多的链接能够直接打开，为拼多多提供了巨大的流量，最终促成了拼多多的上市。

58

私人关系决定职场温度

职场中存在私人关系吗？当然是存在的。职场也有不同的关系，有的职场关系帮助我们快速成长，有的职场关系让我们更加快乐。而职场中的私人关系，就是可以让我们在职场中更快乐的一种关系。

职场中的各项工作都有相应的流程和规定，大家习惯公事公办，但在实际工作与生活中，如果你与对方有私人感情或关系，对方会更好地帮你完成工作。同时，有些正常本职工作，当事人也会专程跟对方要人情，把正常工作变成增强私人关系的筹码。

所以，要想有一个有温度的职场环境，就要在工作关系之外，和领导、同事、下属建立良好的私人关系。

最好的私人关系是知己关系。即彼此拥有最亲密的工作关系，生活中也是要好的朋友。即使你不再在这家公司工作，你们也是好朋友。

这种从工作中发展起来的知己，也就是你们一辈子的朋友。你们在一起有乐趣，他们不是你在工作中认识的朋友，而是碰巧和你一起工作的朋友。

提到刘备、关羽、张飞，人们首先想到的就是桃园结义，当年三人在桃园中的一拜，拜出了深厚的兄弟感情，拜出了流传千古的佳话。

很多人都了解刘、关、张三兄弟的感情很好，那到底好到什么程度呢？

据《三国志》记载，刘备、关羽、张飞三人"食则同席，寝则同榻"，意思就是刘、关、张三人平时都是坐在一张桌子上吃饭，就连睡觉也是睡在一张床上。他们这么好的兄弟关系，没有矛盾，没有竞争，也是他们能够共同成就大业的重要原因。

59

关系都是"麻烦"出来的

- 很多人怕麻烦别人。但是，不麻烦彼此，关系也就无从建立。

- 适当向领导或同事提要求，其实是一种了不起的智慧。

- 不愿意麻烦别人，在自己看来是坚强，在别人看来，是竖起了一堵高墙，屏蔽了外界的善意。

很多人，尤其是职场小白，遇事习惯自己一个人扛，不敢或不想麻烦别人，总感觉不好意思。长此以往，自己的职场朋友圈也迟迟扩大不了。

实际上，从心理学角度看，人与人之间的关系加深，很大程度上是因为经常麻烦对方而产生的。不愿意麻烦别人，在自己看来是坚强，在别人看来，是竖起了一堵高墙，屏蔽了外界的善意。职场中遇到事情，可以尽管大胆主动找领导、找同事求助，尤其是经常找他们帮忙解决一些小事情，既不让别人过于为难，也能让其发挥作用，获得成就感，更能加深同事关系。帮过你的人，今后更乐于帮你，你帮过的人，不一定会帮你。

适当向领导或同事提要求，其实是一种了不起的智慧。常言道：老实人吃哑巴亏，会哭的孩子有奶吃。在利益面前，不能逆来顺受，也不要过分谦让，应该找合适的时机提出自己的要求。请他们支持与帮助，看起来是给他们增添了麻烦，但实际上，关系也是麻烦出来的，有时候，大家会感觉到你更真实、更靠谱。

《蜗居》里的宋思明是一个能量很大的人，社交广泛，他曾说过这样一句话："关系这个东西，你就得常动。越动呢就越牵扯不清，越牵扯不清你就烂在锅里。要总是能分得清你我他，生分了。"人与人之间的关系确实是这样的，随着对方对自己的付出慢慢增多，也代表对方对你的感情越加深厚。

60

跟对人，站对队伍

职场金句

● 下对注，赢一次；跟对人，赢一世。

俗话说，下对注，赢一次；跟对人，赢一世。职场中，跟对领导、站对队伍非常重要。

职场如同江湖，无形中形成了不同的利益团体，也会有明争暗斗和钩心斗角。无形中，置身其中的人也会面临站队的问题。有些人表面上显露出来积极进取，有超强的事业心，实际上，往往也是围绕自己一条线上的领导或利益在干。有些职场人只知道埋头做事，不知道甚至不屑于与人交往，理不清职场关系，反而会在不知不觉中得罪人，受到排挤。

对一般员工而言，跟对领导、站对队伍非常重要。表面上，你是在和职场不同层级的同事建立起了热情友善的关系，体现相互帮助、团结友爱的样子。实际上，无形中，你把自己融入了一个大团体，收获了极大的支持。

同时，也要认清主流，争取主动，摆正位置，使一个无形的群体来支持和推动你的发展。这样比起单打独斗，或者受无形压制，你的发展会快得多。

李主管一直跟随的领导待他非常不错，当领导被派到另一个机构时，问李主管想不想跟着过去。李主管满口答应了下来。

但这时麻烦来了，新来的总经理也非常赏识李主管，几次找李主管谈话，想让他留下来。

但李主管态度很明确，一定要走，这下把新领导给惹恼了。新领导到处告李主管的状，宣扬他的不是，甚至捏造了一些莫须有的事情，调动也一直被他卡着。

李主管既生气，又无奈，毕竟官大一级压死人。他还主动找新领导沟通了几次，说明自己的处境，希望对方能理解。但新领导只是拍了拍李主管，说："我理解你，不过我们这边也缺人，暂时还不能调你过去，也请你理解我。"

61

同事没有帮助你的责任

● 同事不帮你是本分，帮你是情分。

● 不要拿你眼里所谓的举手之劳，理直气壮地去麻烦别人。

职场不同于学校，同事也不是老师，同事不帮你是本分，帮你是情分。职场小白遇事要主动请教，如果同事们没有主动来指导你、帮你分担，不要埋怨，应该反思自己有没有主动帮过别人，不要拿你眼里所谓的举手之劳，理直气壮地去麻烦别人。

　　在这世上，没有任何人有义务去帮你。请别人帮忙，无论事大事小，都应该心怀感恩，而不是摆出一副人家该帮你的架势。一个不懂感恩的人，不仅会失去人心，更难有较好的前景和出路。

　　李丽公司有个同事，请了一周的假，准备外出旅行。但那位同事临走之前，手里的活儿还没干完，而老板坚决让她完成了才能离开。她找到李丽帮忙，一张口就说："不是多大的事，费不了你啥精力，帮我顺便做了吧。"

　　李丽心里挺不舒服，哪怕的确不需要花太多精力和时间，但对方请人帮忙做事的态度也未免让人感到不快。但李丽想着成人之美，也就答应了。

　　在接下来的一周中，李丽非常忙，除了要保质保量完成自己的任务，还要帮忙做同事交代的工作。

　　一周后，这个同事休假回来，刚到办公室跟她说的第一句话不是谢谢，而是问她："事情都完成了吧？没出错吧？领导没问吧？"

　　李丽感觉特别寒心，和她的关系也渐渐淡了。

62

朋友圈不在于大，而在于合理

- 圈子不要太大，容得下自己和一部分人就好；朋友不在于多少，自然随意就好。

- 与其被不舒服、不健康的人际关系牵绊，不如花时间去完善自己。

　　大家都知道多个朋友多条路，多认识一些人，无论是对自己的事业还是人生发展都是非常有益的。但在实际生活中，朋友圈却不是越大越好，毕竟一个人的精力是有限的，要消除无效社交。

据统计，一个人常联系的对象一般不超过 250 人。人在职场，圈子不要太大，容得下自己和一部分人就好；朋友不在于多少，自然随意就好。

"不要去追一匹马，用追马的时间种草，待到来年春暖花开之时，就会有一批骏马任你选择"。与其被不舒服、不健康的人际关系牵绊，不如花时间去完善自己，无须刻意讨好、迎合，当你变得优秀，自然会有优秀的人来靠近你。

小李热衷于交朋友，他每天的大部分时间都是和朋友在一起，他的人生理念就是那句老话，"朋友多了，路好走"。

小李经常有各种各样的饭局、酒局，每天喝酒、划拳不亦乐乎，吃喝完毕直奔卡拉 OK，在闪烁的灯光下唱歌、喝酒戏耍一番，而且必须玩到深夜，喝得醉醺醺，才东倒西歪地回家，心里也高兴认识这么多朋友。

小李的老婆为此跟他闹过好几次，他却振振有词地说："你懂什么？这是应酬交朋友，是男人干事业必需的社交。"

天有不测风云，由于每天不停喝酒，小李的身体出了状况，得了肝癌。医生说跟他平时不良的生活习惯有很大的关系，比如喝酒过量，生活没有规律，等等。最令他失望、难过的是，那些每天与他吃喝玩乐的朋友，知道他得了癌症，纷纷离他而去。最后在小李身边陪伴的只有家人了。

63

别人记住了你，就等于选择了你

职场金句

● 要崭露头角，需要让别人看到你的能力和业绩。

● 要让别人记住你，一定要学会抓住关键机会。

　　中国人讲究中庸之道，"枪打出头鸟"，很多人因此倾向于融入群众，避免引人注目。但一个简单的事实是，人们更能记住第一名。为了让他人尤其是领导赏识你，你就要崭露头角，需要让别人看到你的能力和业绩。职场中的很多竞争，实际也是为了得到更多关注而悄无声息进行的。熟悉产生偏好，别人记住了你，就等于选择了你。

要让别人记住你，一定要学会抓住关键机会。一般来说，公司如果推出什么创新型项目，开展什么转型改革，有一些职责不清、界限不明、责任和风险相对较大、老员工一般不愿意接手的工作任务，只要在自己的能力范围内，你大可以挺身而出，一方面，这样做可以为领导排忧解难，另一方面，事情办成后，你将为自己带来极大的声誉。

某公司开发的一个产品需要和某网站合作，原本谈拢的一家合作方突然变卦，这个项目顿时就成了"烫手山芋"，公司需要独立制作一个网站并维持后期运营。

主管该项目的周总很犯难："公司的技术部从来没做过网站，而且我也没有管理网站的经验，你们看是不是能把这个网站外包出去？"

"当然不行，网站属于产品的一部分，如果外包出去就属于外泄。无论如何，管理网站的人只能从你们的项目组里挑，实在不行我们可以特招一个有经验的网络运营来打理。"总经理说。

没想到这时，项目组里一个平时默默无闻的男孩子站了出来，他之前只是负责项目的市场活动策划和文案撰写。他对周总说他有过在网站工作的经验，HTML（超文本标记）语言和SEO（搜索引擎）优化他也懂一些，所以他可以负责管理这个网站。

经过一段时间的运营，这个男孩顺利完成了项目，也由此让周总记住了他，他之后也从一名普通员工跃升为项目主管。

64

职场要有权力，也要有魅力

职场金句

● 魅力型领导者是指具有自信并且信任下属，对下属有高度的期望，有理想化的愿景，以及有个性化风格的领导者。

● 将权力和魅力有机结合，才会受到上级认可、同级支持和下属的衷心爱戴。

职场中，大家都羡慕领导，都渴望成为领导，因为领导手握大权、统筹资源，作用重大。不同层级的领导，拥有组织授予的不同权力，实际上，职场中的每个岗位都有领导权力，不过有的是显性领导力，有的是隐性领导力；有的是强领导力，有的是弱领导力。但一个人要能发挥相应领导力，把组织授予的权力用足用好，收到实效，这就离不开领导者的个人魅力。

魅力型领导者是指自信并信任下属，对下属有高度的期望，对环境具有敏感性，具有远见，能够建立愿景，同时怀有坚定的信念，以及有个性化风格的领导者。将权力和魅力有机结合，才会受到上级认可、同级支持和下属的衷心爱戴，也才能真正全面发挥出领导的作用和风采。

《史记·高祖本纪》记载，汉高祖刘邦打败项羽取得天下以后，在洛阳南宫设宴与下属共饮。酒过三巡、菜过五味之后，刘邦说："你们大家都别隐瞒，各位都照直说，你们说我刘某人之所以取得天下是因为什么？而他项羽失去了天下又是因为什么呢？"

高起、王陵反应比较快，两个人说："您性情傲慢而喜欢羞辱别人，项羽性情宽厚而且关爱他人。不过您派人攻城略地，有了收获都犒赏下属，和大家一起分享胜利，从来不吝啬。而项羽嫉妒心重，有功劳的要加害，有才能的要怀疑，取得成绩的不给名也不给利，所以他就失去了天下。"

刘邦说："你们是只知其一，不知其二。要说谋略，运筹帷幄之中，决胜千里之外，我不如张良；要说管理，治国家，抚百姓，给馈饷，不绝粮道，我不如萧何；要说打仗，能统领百万之军，战必胜，攻必取，我不如韩信。这三位都是大英雄，我能用这三位英雄，让大英雄给我打工、听我指挥，这就是我取天下的根本所在。"

65

"铁公鸡"没有好人缘

职场金句

● 往而不来，非礼也；来而不往，亦非礼也。礼尚往来是深植于中国人心中的传统，是人与人交往、传情达意的沟通方式。

● 不求非分之福，不贪无故之获。

典籍《礼记》中写道：礼尚往来。往而不来，非礼也；来而不往，亦非礼也。礼尚往来是深植于中国人心中的传统，是人与人交往、传情达意的沟通方式。礼物不仅包含了物质，还被赋予了一定的情感。

人情在于往来，职场亦如此。与领导、同事除了常规工作交集外，偶尔的人情往来：聚一次餐，出差回来带一件纪念品，同事家婚丧、购房等重大事项出点份子钱，也是增进感情、融洽工作氛围的举措。事实上，让渡利益，让领导和同事满意，是职场人情商高的表现。这里所指的利益，不仅仅是钱财、物品，也包括赞美、表扬等精神鼓励。连好话都舍不得说的人，职场中肯定没有好战友。

《菜根谭》中说：不求非分之福，不贪无故之获。那些想占便宜的人，自以为很聪明，实则会吃大亏。所以，职场中人，千万别成为别人眼中的"铁公鸡"。

某公司职员老罗，只要是公司同事组局或者请客吃饭，他都非常积极，甚至不是东道主胜似东道主，不是点菜就是叫酒，在饭局上永远是最活跃的那一个。不仅如此，他还会时不时找借口叫这个请客，或者叫那个请客。但老罗自己从来不回请别人。

有一次，老罗运气好，签了一个大单。其他同事就开玩笑说了一句："老罗，这次发了不少奖金吧？总该轮到你做东，大家出去开心一下了吧？"

但是老罗说："提成也就两千来块钱，哪里够咱这么多人出去，更何况这个月的房租我都还没着落呢，等下回，拿更多提成的时候再请大家，咱要去就去好一点的酒店撮一顿。"

在老罗的嘴里总是下次又下次，根本就没有哪次能够兑现的。大家都看清了老罗抠门的本质，之后聚会都不叫老罗了。

66

赞 美 要 真 诚

● 赞美是你对他人关爱的表现，是职场中良好的人际沟通。

● 赞美要具体，越具体越能让对方感受到你的真诚。

　　赞美是一个人发自内心地欣赏他人，然后用真诚的语言表达给对方的过程。赞美是你对他人关爱的表现，是职场中良好的人际沟通。"你今天气色不错""你的策划非常棒,对公司的发展很有帮助""你一定能做到的"，这样的话语具有无穷的魅力。

但我们也应该注意到，人对事物刺激后的反应是有时效的。人们常说的时间能冲淡一切，也就是说，随着时间的推移，人们对很多事情都不再敏感了。如果同事穿了件新衣服，工作中取得了新突破，职称申报成功，工作汇报受到上级的关注，等等，要表示赞美，就要在见到对方或听到消息后第一时间表达。如果时间拖长了，可以在赞美前加一句"我刚刚听说""我才晓得"。同时，赞美要具体，越具体越能让对方感受到你的真诚，而不是让对方感觉你在做场面、做表面文章。

王女士嘴巴很甜，见到主管总是恭维一番，然而她的恭维总是令她的主管十分苦恼。每天一上班，王女士的赞美声就源源不绝地涌入她的耳中。

"领导，你又买了一套新衣服啊？颜色真漂亮，真适合你。"

"领导，没见你穿过这条裙子啊，你又去逛街啦，还有这对耳环也是新买的吧？我怎么就不会这么打扮呢？真好看。"

终于，主管被王女士的过分恭维弄烦了，她十分严肃地对她说："不是你没见过的就是新买的，我的衣服有的已经穿了好几年了，只是搭配不同而已，你一嚷嚷，人家还以为我多物质呢，以后请别再夸我的衣服了。"

王女士的恭维不仅没让主管高兴，反而还惹恼了她，这源于王女士的赞美内容千篇一律、毫无新意，反而让人感觉不真诚，很谄媚。

67

批 评 忌 直 白

- 卡耐基说过："批评不但不会改变事实，反而会招致愤恨。"
- 批评要实事求是，不能扩大和升级。

职场中，表扬和批评是常见的沟通方式。表扬属于肯定信息，对沟通技巧要求不太高。批评是否定信息，要使批评真正让当事人接受，收到良好效果，批评的技巧就显得尤为重要。卡耐基说过："批评不但不会改变事实，反而会招致愤恨。"因此，批评不能太直白。也许有人会觉得，错在哪儿，就应该批评哪儿，直接指出来，不是更便于让当事人明白吗？实际上，由于每个同事个性不同、错误产生的原因不一，这些情况都是要差异化对待的。

批评也要讲究策略：（1）批评要实事求是，不能扩大和提高。比如，员工迟到一次，不能批评为作风散漫，无组织无纪律。（2）不能不分场合。有的时候，一点小错误，私下批评就好，大庭广众之下批评，当事人受不了，其他人也有意见。（3）批评时机要合适。同事的孩子中考取得优异成绩，当事人正满心喜悦，你来一句"有什么高兴的，你上个月指标还没完成"，这样可能会带来逆反效应。（4）批评中也要有鼓励，"三明治"批评法值得学习借鉴，方法是：批评别人的时候，在批评的前面加一句肯定的话，后面再加一句寄予希望和信任的话。比如，某人因粗枝大叶犯了错误，可以这样说："你以前做事挺认真负责的，昨天出了这样的差错，造成这么大的损失，真不应该，以后工作要仔细点，我相信你能做好的。"

批评他人的七个小技巧：

- 批评要及时，并尽可能在私下场合，面对面地进行。

- 对事不对人，切莫情绪化。

- 批评者与被批评者要就所犯错误的事实达成一致。

- 批评者在批评过程中要学会询问和倾听。

- 批评者要解释这件事的重要性或批评的原因。

- 批评的同时要形成弥补方案。

- 用褒奖的言辞或者略带幽默的语调结束批评。

68

拒 绝 有 技 巧

职场金句

● 永远不要当众拒绝，不挑战权威。

● 延时拒绝，绝对不要在第一时间说"不"。

在职场中，面对领导或同事提出的要求，很多人都会积极主动想办法去解决，但也确有一些不合理、自己难以办到的事情，这个时候，不能贸然答应，而是要学会巧妙拒绝，这样才能维护对方的权威和尊严，又不至于使自己陷入尴尬局面。

笔者在出版的《团队沟通：从新手到高手》一书中，提出了以下九个拒绝对方的小技巧：

- 永远不要当众拒绝，不挑战权威，要顾及对方面子。
- 延时拒绝，绝对不要在第一时间说"不"。
- 假设拒绝，用假设的方法，虚拟推演出一个按他的要求办事可能产生的后果。
- 幽默拒绝，通过隐喻沟通彼此的情感以达到交流的目的。
- 反守为攻拒绝，向对方提出完成此项任务的几个必须条件。
- 模糊拒绝，在模糊的语言环境中达到拒绝对方又不伤害对方的目的。
- 转移视线拒绝，提醒对方能否把这项任务交给更合适的人。
- 自嘲式拒绝，在自己身上找一个与之相关的缺陷做借口，用风趣的语言自嘲一番。
- 纠偏式拒绝，用充分的理由，帮助对方分析利弊。

69

记住别人的名字

- 每个人都非常关注与自己相关的人和事。

- 名字作为每个人特有的标识，是非常重要的。

有个好人缘是我们每个职场人的理想，领导关爱、同事关心，在这样的氛围下，每天工作都会很愉悦。这看起来简单，真正做到却很难。但有的人轻轻松松就能搞定领导、同事，是因为他们掌握了一个职场小窍门，这一方法能够帮助你快速收获职场好人缘。

心理学上有一个规律，就是每个人都非常关注与自己相关的人和事。名字作为每个人特有的标识，是非常重要的。记住别人的名字，再次见面时能直接叫出对方的姓名，这不仅是对他们的尊重，也表示你对他们的重视，同时也让别人对你产生更好的印象。

记住别人的名字的五大技巧：

• 重复一遍名字：你可以重复一遍他的名字来确认自己是否记住和发音正确。如果他的名字比较难记，你可以多重复几遍。

• 多使用名字：当你与对方交谈时，尽量多提及对方的名字。

• 将名字对上人：将你记忆的名字与对方的相貌相互对应，心里重复这个联系并且记忆多次。

• 使用相联系的词语：如果对方的名字和你所知道的某些词语或者与你的朋友的名字有相似之处，那赶快将这个相似点记下来。

• 写下来：把他们的名字写下来，多翻几次笔记本，久而久之就印入你的脑海了。

70
能干的不如会说的

职场中，有人习惯默默无闻地干活，信奉日久见人心的道理，最终凭业绩赢得领导和同事的好评。有人巧言令色、夸夸其谈、不干实事，却也在职场混得风生水起。

或许有人心里就有疑问了，在职场中能干的和能说的，到底哪个吃香？其实，真正的答案不是非此即彼。

纵观职场，善沟通的人，容易被领导发现和接受，容易赢得同事好感。能干的不如会说的，这里所提及的"会说"，是指善于沟通、及时反馈，从而让领导、同事知晓相关信息，心里踏实，也赢得领导、同事的理解、接纳和支持。

但如果只把心思用在沟通技巧上，实际能力和业绩不行，时间一长，也会露出马脚，最终不会有好结局。

实干才是立足职场的根本。无论你的沟通技巧多么高明，都别疏忽了能力与业绩。如果你只知道默默无闻地"死"干，也请注意提升一下自己的沟通能力。沟通能力不是万能的，但不会沟通肯定是不行的。

有一次，乾隆皇帝带着刘墉微服私访。这一天，二人来到了一处寺庙里散心。乾隆突然指着不远处一尊弥勒佛像问刘墉："爱卿，你说弥勒佛为啥对朕咧嘴大笑？"

刘墉胸有成竹地说道："回禀皇上，殿下是当今的活佛，弥勒佛见了真佛，当然会笑。"

这马屁拍得着实可以。可是，刘墉万万没想到，乾隆还留了后手："那弥勒佛为何见了你也笑？"

这可就尴尬了，乾隆的言外之意是，莫非你刘墉也是真佛，可以跟朕平起平坐？那可是大逆不道的罪过。

　　只见刘墉脸不红心不跳地回了一句："弥勒佛冲微臣笑，一是在恭喜微臣遇到了真佛，二是在嘲笑微臣成不了佛哩。"

71

承诺就是欠债

- 拿破仑曾经这样说过："我从来不轻易许诺，因为承诺会变成不可自拔的错误。"
- 一个不能兑现的承诺，对请求者来说是一种蹂躏。

拿破仑曾经这样说过："我从来不轻易许诺，因为承诺会变成不可自拔的错误。"不轻易许诺是一种谨慎的行事态度。

职场中相互帮忙是正常现象，但帮忙一定要量力而行，要统筹考虑自己的能力、时间、对方的要求、是否能够达到对方的预期。对别人请求帮忙的事情一旦承担下来，对方就会对你寄予一定的希望，办好这件事就是你的责任了。如果办不好或只说不做，那就是不守信用，有损你的职场形象。

当然，对求助者也得区别对待，如果对方确实遇到难题，我们还是应该挺身而出，全力以赴。但如果对方明明自己可以解决，如递个资料、拿个快递、值班等，也频繁来向你求助，一定要有说"不"的态度。

一个不能兑现的承诺，对请求者来说是一种蹂躏，比没有兑现承诺受到的伤害更大。职场中，不要轻易对人许下诺言。一旦许诺了，就要去兑现。要知道，自己可以忘记自己的许诺，但是别人通常不会忘记。所以，千万不要轻易地许诺，不然不仅不会让自己赚取信誉，反而会让自己成为言而无信的人。

从前，济阳有个商人坐船过河，结果在过河途中，船不小心翻了。这个商人不会游泳，在船翻的刹那抓住一根大麻杆，他大声呼救。有个渔夫听到了商人的呼救声，闻声而来。商人看见有人来了，急忙大声喊："我是济阳最大的富翁，如果你能救我，我就给你一百两金子！"渔夫听后，赶紧将商人救上了岸。但是，等被救上岸后，商人就翻脸不认账了。他只给了渔夫十两金子。渔夫责怪商人不遵守诺言，但商人说："你一个渔夫，一辈子都挣不了多少钱，现在突然得了十两金子还不满足吗？"渔夫被他说得哑口无言，只好快快离去。

后来，商人做生意又经过那条河，结果不幸又翻船了。他大声呼救，有人想要救他。这时，那个被他骗的渔夫就对大家说："他就是那个说话不算数的人！"于是，大家都没有去救商人，商人最后淹死了。

72

好事见者有份

同事关系的处理常常体现在细节上，尤其是在涉及利益时，我们要牢记，有舍才有得。

中国人自古以来"不患贫而患不均"。同事间利益均享的观念在当今职场也十分普遍，和同事共享功劳、荣耀，能够帮助你赢得大家好评。一个人做事千万别做绝，不能好处全部得尽。同事间相互帮助、相互扶持是职场行稳走远的法宝。

比如，你在一年一度的先进员工评选中荣获年度先进个人称号，也拿到了2000元奖金。你能当选，是你一年来辛苦拼搏的成果，是你无数汗水的结晶，但这个时候，你不应把奖金和证书一收了事，而应该在方便的时候请同事小聚一下，或者是利用出差机会给同事们每人带份小礼品，对大家表达你的心意。

功成不居，有功不贪功，得功让其功，让荣誉为大家所分享，让所得为大家所共有，才能赢得人心，使荣誉的获得众望所归。

明朝建立之初，刘伯温是朱元璋的军师，他用高超的计谋帮朱元璋消灭了陈友谅，奠定了明朝的基础，朱元璋说没有刘伯温的计谋自己很难成功，他是大明的功臣。

要是作为普通人，立即就会接受领导的赏赐，恨不得把自己的功劳挂在嘴上，让所有的人都知道这是自己的谋划。

可刘伯温又是何等人物，他推掉功劳，并说朱元璋得天下是顺应天命，不是他的计谋高，而是客观规律，是领导决策正确，众将士努力的结果。

刘伯温功成隐退，最后得以善终，不得不说这真是大智慧。

73

娱乐活动少争输赢

● 在针头线脑里争输赢，只会输掉自己的人缘；在鸡毛蒜皮
上辩对错，只会败光他人的好感。

俗话说得好，"人争一口气，佛争一炷香"，但有时候不争的人，比能争、会争之人有福多了。现实生活中，总有大部分人抱着输不起的心态，喜欢和身边的人争个不停，较真较劲，言辞激烈，这样的人往往不够豁达。在针头线脑里争输赢，只会输掉自己的人缘；在鸡毛蒜

皮上辩对错，只会败光他人的好感。

拿职场业余活动为例，比如打球、唱歌等活动，这些是愉悦身心、增强团队凝聚力的一些举措，这些场合下更没必要较真。只要不是正规比赛，即使能力再强、水平再高，也要有意给他人面子，尤其是要谦让领导、老同志。比如打乒乓球的人都知道，一局 11 分制，很少有 11：0 的结果，高手会根据对手情况有意让 2 分。

王任做任何事，从来不想输。即便是团队作战，他也一定想要表现得最突出，一定得是他夺得团队的"最佳贡献"。

如果是竞技类比赛，要么不参加，参加了，那就绝对要冲着排名去。用他的话来说，排名第一，友谊第二。既然是竞赛，那就一定要争个高低，不然打友谊赛就好了。

王任这股劲头很好，却因为太过于在乎输赢，导致团队成员对他颇有意见，领导也觉得他太争强好胜，不好与人合作，不能委以重任。

74

公开场合避免争吵

- 争吵的本质就是冲突。

- 当我们争吵时，其实往往是因为其中一个人的需求没有得
  到满足。

    中国人最讲情面，职场中的沟通交流，也要注意维护对方脸面，尤其在会议上等公开场合要注意分寸，在公开场合进行争吵，不仅会让别人感觉你素质不高，也会令对方更加气愤，视你为死敌。

    争吵的本质就是冲突。《非暴力沟通》中提到过：

当我们争吵时，其实往往是因为其中一个人的需求没有得到满足。如果发起争吵的人能够停下来想想自己的需求，而另一方也不是急着反驳，而是想想一定是对方某方面的需求没有得到满足的时候，暴力的沟通其实往往可以避免。如果双方确实意见分歧比较大，可以私下进行沟通交流。

我以前单位里有个同事，特别喜欢抬杠，总能随时随地开展一场辩论。

一次聚餐，果盘里的水果很甜，一个同事边吃边感叹："菠萝好甜啊。"

他立马大声提醒："这叫凤梨，哪里是菠萝！"

同事小声嘟囔："有什么区别嘛。"

他一听就恼了："区别大着呢……"于是开始滔滔不绝，甚至将话题都扯到了植物分类上，硬是说到让所有人服气了。

原本开心、放松的聚餐，却被他败了兴致，表面上大家都没说什么，但从那以后，私下里的聚会，同事们再也没有叫过他。

75

言多必失，祸从口出

职场金句

● 君子三缄其口。所谓不得其人而言，谓之失言。

● 宁在人前骂人，不在人后说人。

　　职场中，我们每天都要与领导、同事打交道，自然要相互交流，说什么、怎么说、什么话可以说、什么话不可以说，都是有讲究的，弄不好不经意的一句话就可能把你卷到复杂的人事斗争之中，或者是得罪了人。古人有言：君子三缄其口。所谓不得其人而言，谓之失言。

言多必失，祸从口出。逞口舌之快、使用语言暴力很容易，但恶语既出，难以收回，尤其是以揭对方短的方法攻击他人，更是会得罪人。此外，"宁在人前骂人，不在人后说人"，在职场中，跟同事有纠纷，千万不要当面不说，背后说个没完。

曾国藩 30 岁之前，心直口快，说话也刻薄，让人很不舒服。有一年曾国藩的父亲过生日，同乡郑小珊前来祝寿，曾国藩因为口无遮拦，导致郑小珊愤而离席。

后来曾国藩认识到了自己的错误，开始反省自己乱说话的毛病，他说"立身以不妄言为本"，要时刻管住自己的嘴巴。

学会了少言之后，连曾国藩的好友都感觉他像变了一个人，从那以后他的人际关系也更加融洽了。

76

既是豆腐心，何必刀子嘴

- 想到什么说什么，完全不在乎他人感受，殊不知，这根本不是"直"，而是坏。

- 大多数时候，标榜自己说话直的人，只是不愿花心思考虑对方的感受而已。

生活中有很多人把说话直当优点，想到什么说什么，完全不在乎他人感受。殊不知，这根本不是"直"，而是坏。良言一句三冬暖，恶语伤人六月寒。语言能让人在寒冬中感到温暖，但也能杀人于无形。如果不分场合地说话直，可能伤害了领导、同事的感情还完全不自知，最终给自己的职场生涯蒙上阴影。

有人说，大多数时候，标榜自己说话直的人，只是不愿花心思考虑对方的感受而已。好好说话，是做人最基本的修养。将心比心，每个人都不希望自己被语言伤害。既然能好好说话，怎么就一定要恶言相向呢，还要称自己是直言不讳？

不要以说话直为借口，如果你是豆腐心，那何必刀子嘴呢？万物皆有因果，你对他人的一句恶言，终会有人回之于你。

在一次公司团建活动中，大江指着小丽的大腿说："你腿很粗，不适合跳舞。"

小丽当场变脸，惊讶地睁大眼睛，然后问大江："你为什么要这样说我？我很难过。"

大江还是执着地回答道："你刚刚跷着二郎腿，腿上的肉堆起来，看着挺粗的。"

小丽表示自己"心原地碎了"。

大江这样说话就很不尊重人，我们不能以性格直为借口，口无遮拦，出口伤人，与同事沟通时更应当谨记。

77

敢于责己是加分项

职场金句

● 责己，就是敢于自己承担责任。

　　"人非圣贤，孰能无过"。工作中，难免说错话、办错事，也难免得罪他人。从心理学角度看，人们害怕错误，不是害怕错误本身，而是害怕错误带来的后果，特别是自己必须承担的后果。有的人会在问题出现后想尽办法推卸责任，有的人却敢于承担责任。这个时候，他们不用借口来掩饰自己的过错，不做无谓的辩解。责己，就是敢于承担自己的责任。真诚地道歉是一个人诚实和成熟的表现，道歉的行为不仅可以弥补破裂的关系，还可以增进感情、融洽关系，赢得大家的信任。

1920 年，一个 11 岁的美国男孩在他家门前的空地上踢足球，一不小心，踢出去的足球不偏不倚地打碎了邻居家新装的玻璃窗。愤怒的邻居向惊慌失措的男孩索赔 12.5 美元。在当时，12.5 美元是一笔不小的数目，可以买 125 只母鸡！这是一个每天只有几美分零花钱的小男孩想都不敢想的天文数字。

闯了大祸的男孩没有其他办法，只好向父亲讲了这件事，希望父亲替他担起这份他无论如何也负担不了的责任。没想到，一直宠爱他的父亲却要他对自己的过失负责。男孩为难地说："我哪有那么多钱赔人家？"

父亲拿出了 12.5 美元，严肃地对儿子说："这笔钱我可以借给你，但是一年后你必须还给我。因为，承担自己的过错是一个人的责任，是责任你就不能选择逃避。"

男孩把钱付给邻居后，开始了艰苦的打工生活。他放弃了平日里热衷的各种游戏，把课余时间都利用起来做所有自己力所能及的工作，经过半年的不懈努力，男孩终于挣够了 12.5 美元，并把它还给了父亲。平生第一次，他通过自己的顽强努力承担起了自己的责任。

这个男孩就是日后美国第 40 任总统——罗纳德·里根。

78

不必事事看别人脸色

- 做人，不可能让所有人喜欢；做事，不可能让所有人满意。

- 如果把取悦别人当成一种习惯，那你就得耗费大量精力去无限满足别人。

　　每个人都是不完美的，苛求完美绝对是个错误的想法。做人，不可能让所有人喜欢；做事，不可能让所有人满意，总想取悦每个人，让每个人满意，也是不切实际的。如果把取悦别人当成一种习惯，那你就得耗费大量精力去无限满足别人。在这个过程中，你可能会放弃自己的判断能力，顺着别人的思路往前走，正义、原则、流程等都可能被你忽视，不自觉地通过压缩自己的空间来表现出对对方的友好，因为太在意别人的心情与想法，不想让别人失望，将会使你忘记自己的初心和目标。老好人容易丧失自信和权威，也将最终迷失在所谓的"奉献"之中。

2020 年，一位明星录音事件闹得沸沸扬扬。原因就是该明星的老板在会议中公开辱骂她，先是说该明星长得很丑，接着又嘲讽该明星穿着没有衣品，觉得她在公司穿的衣服像刺猬一样，还用了"有病"等字眼。

这种公开的羞辱已经超出了所谓"为你好"的范畴，是实实在在的职场欺凌，严重挫伤了当事人的自尊心，让人无比痛苦。面对这种羞辱，我们没必要一再忍受。

79

关键时刻要有个性

- 一个人要在职场站住脚步，不受他人欺侮，必须要有自己的个性。

- 领导往往欣赏有个性、有主见的年轻人，这样的人才能独当一面。

俗话说，"软的怕硬的，硬的怕不要命的"，柿子专拣软的捏，职场中同样如此。一些横行霸道的人经常对一些软弱善良的员工作威作福。一个人要在职场站住脚步，不受他人欺侮，必须要有自己的个性。

职场人也应该有一些锋芒，虽不必像刺猬那样全副武装、浑身带刺，但至少也要让那些人觉得你不好惹。泼辣的、爱玩命的、有仇必报的、有后台的、有实力的，别人一般不敢惹，自己也就不会无端受欺侮。

关键时刻有个性，也意味着特定场景下，要有自己的判断，不人云亦云，不随波逐流，不因众人的是非标准影响自己的判断。领导往往欣赏有个性、有主见的年轻人，这样的人才能独当一面，今后才能有更好的发展。职场不需要唯唯诺诺，习惯忍气吞声的人，是很难有大作为的。

高工在一家公司担任项目经理，由于他长期从事单一项目工作，在专业领域中取得了很大的成就，因此，无论是领导还是同事，圈子里没人敢冒犯他。

高工有一个脾性，就是小事怎么都可以被"欺负"，他也不在意，但遇到大事，千万别惹他、别给他使绊子，否则他不在乎你是领导还是高管，即便在一些重要会议上，他也会让你下不来台。经过两三次"大发脾气"，同事都记住了他，也不敢再对他造次。高工通过明确的彰显个性的行为，给自己营造了非常好的人际关系。

80

一个好汉三个帮

- 一个篱笆三个桩，一个好汉三个帮。

- 职场上没有人脉，成功会很难。

俗话说得好，"一个篱笆三个桩，一个好汉三个帮"。驰骋职场靠个人单打独斗显然不现实，建立和不断扩大联盟是职场中的重要功课。下属、同事、领导、客户、同辈人、同乡等，都可以是职场同盟军。而且，联盟中的每一个人都基本自带关系网，不用你亲自去组织每一个人，重要的是，你要主动联系别人。

职场人都讲究发展进步，有的人一个人苦苦钻研；有的人默默无闻苦干；有的人八面玲珑，善于建立庞大的人脉资源网。职场上没有人脉，成功会很难。

有这样一个故事，反复被大家谈论。说的是汉高祖刘邦曾问群臣："吾何以得天下？"群臣答案各种各样，拍尽刘邦马屁，但却不得要领。刘邦说："我之所以有今天，得力于三个人。运筹帷幄之中，决胜于千里之外，吾不如张良；镇守国家、安抚百姓，不断供给军粮，吾不如萧何；率百万之众，战必胜，攻必取，吾不如韩信。三位皆人杰，吾能用之，此吾所以取天下者也。"

81
不要仅从表象看人

职场金句

● 在商业职场上，你是个怎样的人不重要，重要的是你让人
   觉得是个怎样的人。

职场，是最不能以貌取人的。有人不擅言谈，但也是饱读诗书、满腹经纶；有人虽不会用电脑，但工作经验丰富；有人不显山露水，背后的人脉资源却是非常惊人。要知道，我们眼中的领导、同事，只是他们的一个身份，只是我们看到的这些人的一部分。著名的冰山理论告诉

我们，每个人的身后，还有大量的信息不为我们所知，切不可轻易下结论，不能看不起别人。

在上海某园区有个创业公司，因为资金链断裂，眼看就要倒闭了。万万没想到，公司的一个扫地的阿姨，拿出了600万元入股，救了公司。

阿姨投资的理由很简单，她说就喜欢公司的氛围，希望大家都不要走。后来这个阿姨的身份曝光，原来她是上海本地人，拆迁户，手里有8套房子、1700万元现金。光是房产和手里现金的投资的收益，每年基本可以拿到200万元。阿姨的生活可以过得很好，可是她平时不会打麻将，不爱享受，只愿意扫扫地、抹抹灰，在家里闲不住，所以才来公司做保洁。

82

好为人师不如让人为师

- 好为人师，不仅不讨人喜欢，还会制造对立。

- 对付世间闹心的事，只需要搞清楚两件事，一件是"关我屁事"，另一件是"关你屁事"。

好为人师是人的通病，职场中的领导、老员工、青年才俊，或多或少都有这习惯，喜欢对人评头论足、指指点点，传授自己所谓的成功做法、宝贵经验。

但另一方面，从人的心理上来看，人都自视甚高，对自我的正面评价往往都高于他人。也就是说，没有人喜欢你当他们的老师，人们往往只是碍于身份差异、场合需要等情况勉强接受。好为人师，不仅不讨人喜欢，更会制造不好的关系。

英国十九世纪的政治家查士德·斐尔爵士曾说，你要比别人聪明，但不要告诉大家你比他聪明。雷军曾说，我们不是他人，我们没有经历一些事，或许永远无法转换到他的视角，在不了解的情况下，不随便提意见是对对方最大的尊重。冯唐曾说，对付世间闹心的事，只需要搞清楚两件事，一件是"关我屁事"，另一件是"关你屁事"。

马云曾因一番"京东将来会成为悲剧，千万不要去碰京东"的言语引起轩然大波。反躬自省，亦觉自己言行不当的马云后在微博发文道歉。

马云说，自己喜欢聊天，漫无目的、海阔天空、痛快淋漓，而只图"嘴爽"，这些年在很多不同场合，说了不少"疯话""胡话"和"愚蠢的吹牛"，给自己也给别人带去不少问题和麻烦。马云承认，任何商业模式都是不完美的，没有所谓真正正确的模式，适合自己的鞋子才是最好的鞋子。"我估计改不了自己'好为人师'的性格，也习惯了背各种'语录观点'。"

　　京东也针对马云的"警告"，发表文章《我们会做好自己，时间将证明一切》予以还击。京东在文章中暗讽了马云："大师就是你问他格局，他跟你说骄傲——阿里、腾讯、百度已经不是一个档次，我们阿里一马当先。你问他战略，他跟你说孤独——再过三五年，有几个人看得懂我在买楼？你问他未来，他跟你说命运——如果美国有一个阿里巴巴，亚马逊还能活吗？你问他竞争，他跟你说悲悯——京东将来会成为悲剧，这个悲剧是我第一天就提醒大家的……" 京东最后还"赠送"了马云一首诗："一马悠忽不见，我自躬耕而行。心怀虚无之念，不必妄自多情。"

83

失意人前不谈自己的得意

"老同学好，昨天公示结束，今天单位正式发文了，我被提拔为支行行长，你那边怎么样啊？"在某银行工作的老张兴奋地打电话给在另外一家银行工作的老同学说。

"恭喜你，你能力强，有水平，会来事，我不好跟你比。"

老张听了老同学低缓的回应，有点愣住了。实际上，老张并不知道，他的老同学因违规发放贷款，刚被免掉支行副行长职务。

事业取得成功，收入得到提高，这是职场人最快意的事。但在谈论自己的得意时，要看场合和对象，可以对公众、对员工、对客户，但千万不能对失意之人。失意的人最脆弱，也最多心，你的开心谈论也许会被他误解为讽刺与嘲弄。

其实，不管我们愿不愿意承认，有个扎心的真相是：这世上，除了父母，并没有多少人希望我们过得好。不如意事十之八九，可与人言却无二三。所以，炫耀幸福，更多的是惹他人嫉妒，徒增自己的烦恼。

微博上有这样一个故事：

某博主升职后，福利待遇远高于之前，于是决定请所有关系不错的同事吃饭。

她原本在酒店里订了三桌，可赴约当天，同事们却以不同的借口推辞，最后勉强凑了一桌。

席间，大家言笑晏晏，可说出的话似乎变了味儿，"看不出来，你本事挺大啊""以后就是领导了，可别瞧不起我们""走关系没？平时我也没看出你有多优秀啊"……

该博主本以为会得到祝福，可没想到，桌上的人多多少少都沾了点儿"凭什么是他"的怨气。

该博主说，那大概是她吃过最尴尬的一顿饭。

84

显山露水要合时宜

- 一个人炫耀什么，就缺什么。

- "强梁者不得其死，好胜者必遇其敌。"喜欢强出头的人，都会被更强的人打败。

　　古语云：地低成海，人低成王。生活中的强者，往往是不动声色且深藏不露的，是宁静致远且丰富而安静的。

　　一个人炫耀什么，就缺什么。炫耀的本质，不过是假装拥有，打肿脸充胖子而已。用一些高调的话来掩饰内心的贫穷，谁能不知？只是明眼人不说而已。

《金人铭》里写道："强梁者不得其死，好胜者必遇其敌。"喜欢强出头的人，都会被更强的人打败。"刀砍地头蛇，枪打出头鸟"，谁能一直高高在上呢？

真正厉害的人，从不去显摆自己，而是会收敛自己的锋芒，低调做人，始终保持着谦虚的态度，懂得自我沉淀，在时间面前，静下心来，接受岁月的磨炼，让自己在岁月和世事的打磨下，卓尔不凡。

某公司新任董事长率队到下属分公司调研。因为苏北公司经理任期已达七年，需要换岗，公司此前安排的后备人选也已在苏北公司任副经理一年多了，所以董事长第一站就到了苏北公司，不仅了解经营情况，也考察一下干部，准备调整领导班子。

苏北公司准备了汇报会，经理代表公司汇报了经营情况、存在问题和需要总公司给予的帮助。董事长在听取汇报后，提出了三个问题进行讨论，这三个话题正是后备人选副经理十分熟悉的领域。

"董事长好，经理不熟悉这个问题，我来汇报一下。"副经理不等经理开口，就急忙说开了。副经理滔滔不绝讲了三十分钟，经理的脸色越来越难看，董事长听得也不耐烦了。

　　散会后，就在副经理暗自得意的时候，经理已向董事长汇报了副经理业务上不成熟的一些事情。董事长回去后决定，经理继续留任。

85
与精英为伍

- 物以类聚，人以群分。
- 蓬生麻中，不扶而直。

　　中国有句俗话是：物以类聚，人以群分。一个人要在职场上不断成长与进步，就要留意自己与什么样的人在一起。如果你处于一个混日子、慵懒散漫的团队之中，久而久之，你也会随遇而安，做一天和尚撞一天钟。如果你身边的同事、朋友勤奋好学、拼搏向上、不断努力完成目标，你也会受其影响，加倍努力。正所谓"蓬生麻中，不扶而直"。马拉松长跑比赛中，一个团队往往有意安排一个领跑的人，目的就是让核心队员看到目标，用奋力追赶的姿态去创造更好成绩。如果你常与下班逛街、打游戏、喝酒的人为伍，你想在业务上精进，几乎是不可能的。

云南昆明有一个"最牛学霸宿舍"曾在网络上走红。宿舍中的六个人，都是云南艺术学院设计院的大四学生。

自从分到一个宿舍以来，他们一起学习，一起参加比赛，一起度过了人生中最有意义的四年。

三年下来，六个人共同进步，一个比一个优秀。六个人的证书加起来超过100本，获得的奖学金高达18万元之多。

面对前来采访的记者，他们说："我们当中有的专业是服装与服饰设计，有的是产品设计。但大家都经常早出晚归，忙于学习和参加活动。如果是人很多的公共课，我们还会提前二十多分钟去抢座，期末前也会一起连续通宵学习。"

很难想象，在这样的环境中，还有人会熬夜打游戏、沉迷于享乐。

86

职场友情都是"塑料"的吗

职场金句

- 职场中，在利益面前，同事间的感情往往是脆弱的。
- 我们要善待他人，但不要期待被回馈同样的善待。

在讨论国际关系时人们常说，只有永恒的利益，没有永恒的朋友。其实，职场中，在利益面前，同事间的感情往往也是脆弱的。那么，职场上的友谊都是"塑料"的吗？到底有没有真友谊？

答案是有的，但往往需要具备一个前提条件：没有利益冲突。

也许你认为这话说得有点绝对，现实生活中也确实有些私人感情非常好的同事，他们也无怨无悔地帮助你、支持你，但不是所有的职场友情都是如此。

《增广贤文》中写道：人情似纸张张薄，世事如棋局局新。职场上的友谊往往掺杂着功利的因素，我们要善待他人，但不要期待被回馈同样的善待。当你有了这样的预判，往往就不会因此而困扰。

某公司财务部的张丽与王晓，是人们眼中的好闺蜜，两个人前后差一年进单位，都是财会专业应届毕业生，两人无话不谈，张丽连自己交过几个男朋友都毫无保留地告诉王晓。然而，当财务部准备从她们两个人中选一个担任团队主管时，张丽私生活不检点、经常换男朋友的传言就传遍了财务部，张丽自然也与主管岗位无缘。

87

牟骚太多易断肠

- 学会控制自己的情绪，是职场基本功。
- 当你不再抱怨时，就是你强大的开始。

工作时间长了，难免会碰到不开心的事。下面这样的事情，不知道你有没有遇到过。

你努力工作取得了成绩，满心期待领导给予表扬，没想到领导却觉得理所当然，对你视而不见；你默默苦干，为公司尽心尽力，想为公司做出大贡献，同事却无事生非，悄悄到领导那边告你的黑状；工作过程中出了差错，尽管你履职尽责了，并不是你的错，主管却"甩锅"给你。

诸如此类，职场中令人愤怒的事情确实非常多，碰到这样的事情也确实糟糕极了。但我们要知道，在职场，我们可以生气，但要控制好自己的情绪。

怒气的产生来源于一个人对外部世界的评价、认识或解释。这与一个人的性格、修为也有一定关系。面对同样一件事，有的人会坦然面对，有的人会着急，有的人会生气，有的人会暴怒。

不良情绪被他人感知后，不仅自己的弱项、缺点被他人掌握，也会影响他人对自己工作结果的评价。如果经常发脾气，甚至是由于自己对事情的误解而情绪崩溃，会严重影响同事之间的关系。

学会控制自己的情绪，是职场基本功。职场不相信眼泪，当你不再抱怨时，就是你强大的开始。

杰克·韦尔奇曾被誉为世界最强 CEO。

1961 年，韦尔奇在美国通用电气公司工作一年了。因为工作能力出色，对公司做出了重大贡献，他得到了极高的年度评语。这时候，公司给他涨了 1000 美元的薪水，韦尔奇欣喜万分，以为这是公司肯定他的价值。但未料到，办公室中其他人的加薪幅度也跟他一样。韦尔奇对此颇为不满，他认为，他付出得更多，理所应当拿到更多的报酬。

于是韦尔奇去找公司理论，得到的解释是：这是预先确定好的工资浮动的标准。这个答案并不能让韦尔奇满意，他觉得公司在员工薪水问题上应该区别对待。为此，韦尔奇终日牢骚满腹，一天比一天沮丧，甚至产生了辞职的念头。

一天，部门负责人把韦尔奇叫到办公室，语重心长地对他说："你来公司虽然只有一年时间，但我很欣赏你的才华与工作热情。以后的路长着呢，整日抱怨，无心工作，只会浪费了公司这个大舞台，难道你不希望有一天能站到这个大舞台的中央吗？"

这时，他才幡然醒悟，不再做无用的抱怨，而是持续发挥才干，崭露锋芒。

后来，他成为项目领导人，带领团队攻关克难，还毛遂自荐成为加工厂的负责人，引领了制造业的材料革命。仅仅十年后，年仅45岁的他就成为通用电气公司有史以来最年轻的总裁。

88
天下没有免费的午餐

● "拿人手短，吃人嘴软"，不分场合接受别人的礼物或好
   处，会给自己带来麻烦。

　　"拿人手短，吃人嘴软"是中国的一句老话，意思
是拿了别人的好处，就会刻意礼让三分，即使人家有缺
点或者错误也不敢说、不敢管。拿了人家的好处，必要
的时候就要给人家说好话，就要帮别人办事。不分场合
接受别人的礼物或好处，会给自己带来麻烦。

职场中也是如此，同事请你吃饭、给你礼品、说你好话，一方面是同事间的礼尚往来，同时，不排除同事有事相求、有事相托。根据人们的互惠心理，接受了别人的好处，就必须给对方一些便利或回报，因此，对一些看似无缘无故的饭局或礼物，要冷静分析，不宜匆忙答应，避免给自己留下隐患。

《水浒传》中"醉打蒋门神"的故事非常精彩。"金眼彪"施恩请武松赶走蒋门神，夺回快活林之前，并没有直接说出自己的请求，而是给武松恩惠，先替武松说情免了一百"杀威棒"，再往后，天天送去好酒好饭，还安排人伺候武松洗澡。一个囚犯，住着单间，有肉吃，有酒喝，有仆人伺候着，还能洗热水澡，这待遇也够可以的了。

过了几天，武松自己也不好意思白吃白喝了，说"无功不受禄"，追着问送饭的狱卒怎么回事。到这时，施恩才现身并说出想请武松替他出头，赶走蒋门神，夺回快活林。武松吃也吃了，喝也喝了，赖是赖不掉了，自然爽快答应，却也因此给自己惹来了杀身之祸。

89

"群众领袖"权力大

职场金句

● "群众领袖"在同事当中比较有人缘、有公信力、有影响
力，这跟职位高低无关。

● 成为"群众领袖"或取得"群众领袖"的支持，对于职位
发展是十分有利的。

你身边有没有这样的人，看似没什么重要职务，却
能左右身边一群人；看似没什么特殊本领，却能赢得大
家的尊重。

职场体系中，经组织安排会有不少岗位，也有组织授权的各级领导，根据岗位职责开展工作，这是显性组织体系。同时，往往还有在一个职工群都认可的"非正式领导"，也就是"群众领袖"。这些人虽然可能不居高位，但在职工中影响力很大，同事不管是遇到生活上的事情，还是职场上的难题，首先想到的不是领导，而是第一时间来寻求他们的意见。甚至有时候单位领导做出决策，传达下去后，好多人往往还会去根据"群众领袖"的意见行事。所以，"群众领袖"在同事当中比较有人缘、有公信力、有影响力，这跟职位高低无关。

成为"群众领袖"或取得"群众领袖"的支持，对于职位发展是十分有利的。而且有朝一日当你升职后，也更容易让下属心悦诚服。

小王来到一家小型制造公司工作，实习期半年，半年后公司根据实习情况再决定是否和他正式签订合同。带他的是一位姓李的师傅。一段时间后，小王发现李师傅说话很管用，在车间里威望很高，他既不是领导，也不是管事的，但他说话大家都爱听。因此小王对待李师傅也特别恭敬。

实习期快满的时候，车间主任通知小王他被解聘了，小王觉得莫名其妙，但没办法，只好四处再找工作。到了第三天，小王突然接到公司人力资源部电话，通知小王去签合同，转成正式工。小王特别高兴，他不仅转正了，而且还是跟着李师傅干！

事后，公司同事告诉小王，为他的工作，李师傅都跟老板吵起来了，并且跟老板说，小王啥时候回来他啥时候干活！因为经过一段时间的观察和接触，他发现小王干活勤快、利索、有眼力见，不怕脏、不怕累还肯吃苦，是个优秀的人才，这样的人不要，公司还想招啥样的人呢？所以，李师傅不惜跟老板急，也要把小王留下来。

而李师傅在公司里是一把技术好手，各个操作区间都门门通，所有技术问题他都能解决，老板非常倚重他，他说的话领导也会真心去考虑。

90
谋事要密

职场金句

● 事以密成，语以泄败。为人处事，一定要谨言慎行，不要什么话都和别人说。

战国时期法家代表人物韩非子有句名言：事以密成，语以泄败。这告诉世人，为人处事，一定要谨言慎行，不要什么话都和别人说。

所谓"事以密成"，就是说事情的成功是得益于秘密地进行，成功的背后，一定有很多不为人知的努力和谋划；而"语以泄败"，则恰恰相反，事情往往会因为走漏了消息而功亏一篑。

我们在工作中，特别是因涉及重大变革、重大利益而调整方案时，不能方案未出，风声先出，不仅打草惊蛇，还会引起人事反弹，影响下一步工作的开展。涉及单位商业机密的，要按单位保密要求来落实。否则，会造成严重后果。当然，有时候为了试探外界反应，故意放出消息，视外界反应来完善方案，也是一种工作方法。

《三国演义》中曹操挟天子以令诸侯，董承以受汉献帝衣带诏之托为由，计划联合朝中的忠义之士密谋诛杀曹操。

董承救国心切，找了不少的人游说这件事，比如刘备、马腾、王子服、吴硕等，说了一大圈以后，知道这件事的人就很多了，甚至连他家里的仆人都对这个计划一清二楚。

有一天，董承突然撞见一个姓秦的家奴和自己的小妾眉来眼去搞暧昧，于是下令责罚，这个家奴因害怕连夜出逃。

之后，这个姓秦的家奴跑到曹操那里，将董承密谋

的事情一五一十地向曹操告发，最终，不仅图谋诛杀曹操的事彻底失败，董承一家更是被满门抄斩，这就是典型的"事以密成，语以泄败"。

91

捧杀是最温柔一刀

- 凡事都有两面性，你被捧得越高，摔下来的时候就越惨。

想要得到别人的表扬，是每个人的天性，也是我们努力工作的追求之一。但是在职场中，我们要学会辨别，有时候受到别人的表扬，不要沾沾自喜，说不一定是"捧杀"。

凡事都有两面性，你被捧得越高，摔下来的时候就越惨。从心理学角度看，你希望自己拥有的形象与他人看到的形象常常是不一致的。自己看自己，总是优点多、能力强，即使有失误，也常常归结于客观原因或他人原因。

作为聪明的职场人，一定要懂得审时度势，冷静剖析自己。别人的一些表扬，尤其是当着其他人的面，与其他人进行比较的表扬、赞赏，切不可沾沾自喜，"捧杀"是职场常见手法。

当面说你比领导更有才华就是"捧杀"。在公众场合，有人夸自己，得到大家认可，很多人心里一定很开心。但如果当面说你比领导更有才华，那可要小心了，这表面上是在夸你，实际上是通过刺激领导的自尊心来让领导防范你，千万不能得意忘形，要尽快想出良策为自己消除影响。

王欣在某家公司做销售工作，领导是销售处的陶经理。一次，他们遇到一个难缠的客户，开始说好签单，但每次到签约时就开始犹犹豫豫，遇到问题也总是投诉业务员，许多业务员都很怕接待这个客户。

陶经理平时跟王欣有点不和，知道对方难缠，便说给王欣一个锻炼的机会，让他去谈，还说谈下来业绩归他所有。为此，陶经理经常在销售处的工作讨论会上公开吹捧王欣，说相信王欣一定能搞定这个客户。

王欣一激动就立了军令状，说年底一定搞定客户。

费尽周折，他终于把客户搞定，对方欣然签单了。

但最后，对方还是出尔反尔，想要退掉这笔单子，还说业务员有各种毛病，为此还将王欣投诉到了公司上层。陶经理便以此为借口，说王欣辜负了他的期望，立下的军令状必须兑现，为此罚了王欣一大笔钱。

92

没有什么对事不对人

职场金句

● 职场上从来没有什么对事不对人，这就是冠冕堂皇的借口，
  是想要攻击别人时的遮羞布。

　　职场是一个关系异常复杂的集合体。职场中，表面
上展现出来的是工作，也就是事情。实际上，背后就是
一个个具体的人。在日常工作中，尤其是在问责或批评
某件事时，领导常对当事人说："没办法，我们是对事
不对人。"

但实际上，很多时候领导就是对人不对事。因为领导拥有权力和资源，尤其有对下属的"合法伤害权"。同样的事，发生在不同人身上，会有不同的处理结果。比如，领导某天突然查考勤情况，如果一个领导喜欢或认可的人迟到了，领导可能就睁只眼闭只眼，不予追究；如果对方正是领导不喜欢，甚至讨厌的人，领导可能就会让人力资源部按单位劳动纪律规章制度对其进行处罚。

所以说，职场上从来没有什么对事不对人，这就是个冠冕堂皇的借口，是想要攻击别人时的遮羞布。很多时候，也就是需要一块遮羞布，才能把具有攻击性的行为表达出来，也才让听者能够听得下去。

一天，单位里开了个研究部署某项工作的专题会。两位素来不和的处长上演了一幕精彩大戏。

首先是韩处长，高谈阔论地谈了他对这项工作的一条条计划与建议。话音刚落，王处长迅速开口，画风骤变："那个，我对事不对人啊，刚刚韩处长列举的计划里，我认为有很多不切实际的地方，比如……"就这样，他毫不留情地把韩处长的观点从头到脚批了一通。

韩处长岂能善罢甘休，又抢过话茬："我也对事不对人啊，王处长的发言，代表他对这项工作根本不了解。

我澄清几点……"

听到二位领导抬杠，员工坐在下面听着，差点笑出声来。大家都知道二位处长素来不睦，之所以"为了工作"在众目睽睽下争吵，跟事情无关，倒是跟人很有关。

93

小心那些居心不良的"秘密"

职场八卦横行是个不争的事实，我们总能听到别人"不小心泄露的秘密"，这些八卦通常是我们不想知道，却在不得不听他人说完的情况下被动知道的，这种所谓的"不小心"，实际上就是故意泄露的。

生活中，被告知秘密的人，通常能够让对方享受到被信任的感觉，大部分人也愿意在不暴露自己的情况下获得更多的外界信息。但保守秘密是很难的，有的人会炫耀，有的人是要换取对方利益，一旦有第二个人知道，那秘密就不再是秘密。

实际上，来说是非者，必是是非人。背后议论同事尤其是领导，是非常不道德的行为。听的人，当面不好意思反驳，但也会从心底里鄙视你。如果隔墙有耳，再传出去，更会被人记恨。老话说得好，静坐常思己过，闲谈莫论人非，少谈八卦也是职场立身之本。

小咪和小美，都是公司新人。小咪非常有心计，业务能力却不如小美。小咪经常借跟同事聊天的机会，故意讲一些"秘密"攻击小美，但苦于自己没什么影响力，这种攻击一直也没什么作用。

有一次公司谈活动场地，小咪跑了很多次都没成功，小美一出马，居然谈成了。项目经理很高兴，夸赞小美"果然美貌也是生产力啊"。结果小咪听后到处传播小美"不可告人的秘密"，说小美的业绩都是靠美貌得来的，还说经理处处照顾小美，就是因为"欣赏"小美的美貌。搞得同事们都觉得小美的业绩并非公平竞争，小美也因此被孤立，还被怀疑与经理关系暧昧。原本在公司前途一片大好的小美，为证清白，只得辞职。而小咪也没好到哪里去，不仅同事对她"敬而远之"，经理也视她为肉中刺。

94

宁得罪君子，不得罪小人

- 君子讲道义，小人讲势利。
- 君子坦荡，小人难防。

提到职场小人，你可能也义愤填膺，说不定你也曾受小人陷害，或受困扰已久。

余秋雨先生曾说过，小人是很难定义的，他们是一团驱之不散又不见痕迹的腐蚀之气，他们是一堆飘忽不定的声音和眉眼。

　　职场中，有正人君子，也有奸诈小人。君子讲道义，小人讲势利。君子坦荡，小人难防。君子不畏流言、不畏攻击，因为他们做事光明磊落、问心无愧。小人暴露其真面目后，就会掩饰和反击，甚至不择手段，毫无底线。

　　不得罪小人，不是因为小人的实力、能力比正人君子强多少，而是他们装得比君子还君子，他们穿着伪善的外衣，却在阴暗角落干着损人不利己的勾当。跟小人打交道，不仅要有大义凛然的正气，也要有百折不挠的毅力，更要有智慧和手腕，硬抓硬打可能只会让自己遍体鳞伤。

　　《左传》中有一则故事，说的是宋国和郑国交战之前，宋国的元帅华元宰羊犒劳将士，而为他驾驶战车的羊斟并未分到羊肉。

　　开战时，羊斟对华元说："前天的羊肉由你做主，今天的马车由我做主。"说完，他驾车驶入郑军。华元被俘，宋军大败。

95

辩证看待"背锅"

　　工作进展未达预期，同事之间出现矛盾，违反公司规章制度，职场中出现的这些问题最终会被问责追责。按常理说，谁工作不力或者谁违规违纪，就应该由谁来承担责任，但现实生活中，因为种种原因，有些领导可能会要求下属或其他人员来担责，替他"背锅"。有些人遇到这种情况，往往做法偏激、不愿承担。

事实上，"背锅"是代价，也是投资。职场中，要进步，就要付出代价；要收获，就要付出成本。有时候为领导"背锅"，不必过于计较。"背锅"代过，有利于维护领导权威和尊严，大事化小、小事化了。有些人因为"背锅"，被领导认为讲义气、有担当、敢作为，领导也欠其人情，今后可能会对其予以重用。

某公司员工在厕所抽烟，将烟头丢进垃圾桶，结果发生了火灾。按公司规定，员工主责，部门最高领导负缺乏监督管理之责。发生火灾的部门领导记大过处分，三年内不得升职。这对于正处于事业上升期的部门领导无疑是很大的打击，对于整个部门团队的发展也是不利的。

在此情况下，违规员工的直属主管李某向高层递交检讨书，承认此次火灾为自己的管理过失，承担主要责任，部门领导负连带责任。最后直属主管记大过处分，三年不得升职，部门领导在全员会上检讨，并记警告。

事情告一段落，大家都感叹李某过于愚忠。可李某觉得部门领导能力强，为人真诚，做事专业，有极大的发展空间，再加上领导对于此类事件曾宣贯多次，责任并不在他身上。李某自己也曾受领导知遇之恩，受领导的栽培，所学所得很多，自己有必要在此时维护领导。

　　事实证明李某没有看错人，三年后，部门领导因业务能力突出升任副总。李某虽然有大过在身，但每年的加薪都是最高的，再加上后来也立过几次小功，功过相抵，公司取消了对他的限制，李某也扶摇直上，成为领导的左膀右臂。

96

亡羊必须补牢

职场金句

● 前话说错，后话找补，一些机智的补救往往会起到意想不到的社交效果。

亡羊补牢出自《战国策·楚策四》，原文为"见兔而顾犬，未为晚也；亡羊而补牢，未为迟也"。后来说作"亡羊补牢，犹未为晚"。亡是丢失的意思，牢是指羊圈，也就是受损失之后设法补救，还不算晚。

在职场中，我们会经常出现一些小差池，尤其是在与领导、同事沟通的过程中没有表现好，说了大家不爱听的话，得罪了人，事后冷静一想，感觉自己的表现不妥，此时不要羞于谈及，也不要内心胆怯，或觉得算了。实际上，事后的补救是非常重要的。俗话说，前话说错，后话找补，一些机智的补救往往会起到意想不到的社交效果。

王安丽在与客户对接项目的时候，差点闹出笑话。因为是第一次见，她之前也没有做功课，等到见面的当天，她错将领导的秘书认成了领导，使得场面一度有几分尴尬。

好在王安丽反应很快，她态度诚恳地跟领导道歉道："实在不好意思，我没想到您这么年轻，所以一直没敢认，看来还是我见识太浅薄了，古人说'自古英雄出少年'，果真不假。"一句话马上就打消了对方心底的不痛快，让本来有几分严肃的客户也弯了下嘴角，可谓非常机智的补救了。

PART Five

—

学会高效工作

97

通勤时间也是宝贵资源

职场金句

- 看一个人是否有上升空间，就要看他八个小时之外是如何度过的。

- 在信息爆炸的时代，学会充分利用碎片化时间，也是自我提升的重要一步。

　　对每个人来说，时间都是非常宝贵的。对于职场人，看一个人是否有上升空间，就要看他八个小时之外是如何度过的。通勤时间也是八小时工作之外一段可以充分利用的时间。随着城市的扩大，工作、生活区域的分离，职场人上下班的通勤时间被延长。从时间管理角度看，这些时间虽看似是碎片化时间，但要是浪费了也确实可惜。

我们经常在地铁车厢里，看到有的人在听网课；有的人在读电子书；有的人骑自行车上下班，把通勤时间变成健身时间。也有的人在打电话、发信息与邮件，处理各种事务。在信息爆炸的时代，学会充分利用碎片化时间，也是自我提升的重要一步。

有一位职场妈妈，工作十分繁忙，回到家还要照料孩子，然而就在这么繁忙的情况下，她还是出版了自己的一本专业书籍。别人问她秘诀，她说："我只不过把通勤路上的碎片化时间利用了起来。"

原来，职场妈妈每天都要坐四十分钟的地铁上下班，她就充分利用这段时间进行书籍的构思、搜集素材、记录灵感。用她的话说：以前我一直以为写作这件事，就应该虔诚焚香净手，铺好纸笔，坐等灵感一来就开动。但事实上，很多写作"大咖"，不是因为他们的灵感多么丰沛，而是他们善于把碎片化的时间利用起来，用于积累素材。

98

踩点上班不太好

职场金句

● 提前半小时到岗，保证充足的时间，在上班时间到来时使
　自己更好地进入工作状态。

　　虽然弹性工作制已在慢慢推行，但职场中绝大部分
单位都有规定的作息时间，上下班时间都有具体要求。
有些员工认为，只要踩着时间点到就可以了，也符合工
作制度。

　　但实际上，真正的上班时间不应该从进单位大门时

计算，而应该是从已经在工作岗位上，并且做好了工作准备的时间算起。那些吃早餐、洗杯子、拖地、抹桌子、泡茶之类的事情，都应该在正式上班前完成。所以一般要提前半小时到岗，保证充足的时间，在上班时间到来时使自己更好地进入工作状态。提前梳理当天的思路，做好工作准备。

把这个习惯坚持一周，你就会比同事多三个小时的工作时间，把这个习惯坚持一个月、一年，甚至是十年，不仅会给领导和同事留下好印象，更重要的是，这样的一个小习惯，会使你不知不觉中遥遥领先他人。

99

不可追求准点下班

职场金句

● 不准时下班，不是为了拖长时间，表现给领导看，而是希
  望对得起自己的每一天。

以前很多国有企业职工下班，就是推着自行车在工厂门口等，下班时间一到，立刻鱼贯而出。实际上，下班不是下班时间点到了，从单位大门离开，而是到了下班时间点，在当日工作也完成的情况下，回顾、总结当天的工作，计划好次日的工作，再收拾完离开。此时，还要关注

一下领导，如领导还未下班，考虑到可能还会安排工作或者了解情况，宜暂缓下班。如确有事要在领导下班前走，最好主动打招呼汇报，询问有无工作安排后再离开。领导和群众的眼睛都是雪亮的，他们都会留心和器重热爱工作的员工，也会把机会留给那些对工作有准备的人。

下面是一个主管写给自己准点下班的下属的邮件，字字珠玑，用心良苦，我截取了其中一段：

每天下班，你走得几乎都比我早，我有两点感受：第一，心里不爽，我还在为了团队而奋斗，你竟然撤了？第二，你作为一个实习生，远离家乡来到北京，离开了公司又能做些什么？你该学的、该研究的东西，不都在公司里吗？你回到家以后，十有八九就是在舒适圈中，应该很难有更高的工作效率吧。还有，你还是学生，住的地方肯定不如公司环境好，回家那么早，到底为了什么呢？

你可能一时半会儿总结不出来，我给你我的答案——你对自己没有更高的要求。拼得凶的人我见过，不超额完成工作，他们不愿意下班，不是为了拖长时间，表现给领导看，而是希望对得起自己的每一天，能够更快速地成长，这样才能得到重用。

所以，是否准点下班，要看你对自己的要求有多高。

100
专业技能不是万能的

职场金句

● 一个人想在职场取得发展，一般需要四种能力，即专业素质、人际沟通能力、个人魅力、职场地位，切忌只迷恋自己的专业特长。

美国的萨莉·海格森和马歇尔·古德史密斯在《身为职场女性》一书中曾写道：力图在每个细节上做到精益求精，希望成为业内专家，这绝对是保住自己的工作的好主意。但当你想要在职场上再前进一步时，这个想法可能就不太对了。

有人认为，成为专家是获得成功的最好方式，但如果你过于专注于专业，或者认为凭专业技能就可以打天下的时候，你可能没有意识到，如果想在职场平步青云，技能和学识只是必要条件，领导力才是最重要的。尤其是高层管理，更需要具有领导和组织那些专业技术人员的能力，这些高层领导的专业水平如何并不重要，反而是管理能力更重要。任何岗位都需要专业技能，但过于执着也会影响进步。

一个人想在职场取得发展，一般需要四种能量，即专业素质、人际沟通能力、个人魅力、职场地位（权势），切忌只迷恋自己的专业特长。

公司的结算主管小刘，二十多年一直从事业务结算工作，是该领域当之无愧的业务骨干。期间有很多机会，领导提出让她换一个岗位，多方锻炼，但每次小刘都以"对其他工作不熟"为由拒绝了。所以，除了结算方面的技能，小刘对其他领域的工作没有任何了解。再加上为人胆怯，小刘一直没有机会走上管理岗位，也没有任何带项目、带团队的经验。

最近因为公司结算系统开始 IT 化，结算人员全部待岗，实行双向选择。小刘悲哀地发现，她只会做结算报表，她引以为傲的专业技能在别的部门一文不值，根本没有哪个部门、哪个岗位向她伸出橄榄枝。

101

重视自己的可迁移技能

● 没有可迁移技能的员工被称为"螺丝钉"员工。 就像一颗螺丝钉，尺寸和材质只能用在一个产品上，挪到别处去，就成了废铁。

　　人们常说，隔行如隔山。跨行业工作是比较难的事情，但在日常工作中我们会发现，确实有许多能人，尤其是领导，在不同岗位、不同单位、不同行业中都游刃有余，成为驰骋职场的明星。在这里，就必须提到"可迁移技能"这个词了。

可迁移技能是你在职场中获取并拥有的各种基本能力，这些能力不仅能帮助你完成眼前的工作，而且换到另一个岗位、另一家单位，甚至另一个行业时，都能让你依靠这些技能快速起步，打开市场。比如解决问题的能力、说服式沟通技巧、人才吸引力、情商、帮助和求助的能力。我们在日常工作中，不仅要练好岗位单项本领，也要更加关注从日常工作中通过逻辑思维来提炼工作经验，剖析工作事务背后的底层逻辑，更加关注自己的综合素质。

没有可迁移技能的员工被称为"螺丝钉"员工。他们受现代企业精细化分工的影响，成为一个企业某个小众领域的定制化员工，就像一颗螺丝钉，尺寸和材质只能用在一个产品上，挪到别处去，就成了废铁。

在知识和信息迅速更新，企业经营形态随时发生变化的今天，"螺丝钉"员工面临着极大的职业风险。

曾经有一段时间，媒体着重报道过高速公路收费员失业的新闻。因为某城市路桥取消所有收费，需要裁掉全部收费员。收费员无奈地说："收费站的工作经历让我只会收费。如果在饭店工作，我除了会报菜名，其他什么也不会啊。"

　　他们的遭遇传递了一个残酷的事实：如果你从事的工作不能使你获得除岗位本身以外的成长，获得可迁移技能，外部环境一旦发生变化，最先被淘汰的一定是你。

102

自我表扬也是必不可少的能力

● 自我表扬不是自吹自擂，是相信自己的价值，适当展现自己的能力。

　　职场处处充满竞争，为了胜出，大家八仙过海、各显神通，但放眼职场，我们会发现，有一类人既勤恳工作、成绩卓著，又低调谦逊、深藏功名，他们觉得说出自己的成绩、展示自己的能力是一件令人难为情的事，在展现自己的价值和优势的时候缺乏自信。

实际上，如果你想把自己的能力和价值发挥到最大，就一定要让众人尤其是领导看到你的能力和价值，知道你对成功的渴望及信心，否则，不仅会影响你日常工作的每一个环节，也会影响你的晋升。

当然，我们所讲的自我表扬，不是自吹自擂，不是从自我贬低到自我拔高的翻转，而是要相信自己的价值，适当展现自己的能力。在工作上每取得一小步成功的时候，可以给自己一个奖励，让自己收获一份成就感。看到努力的积极结果，士气会更旺盛。

美国知名职业专家凯西·桑波恩在《职场晋升手册》一书中提出在职业生涯中保持积极心态的 15 条规则，其中有一条就是善待自己。可以是呵护自己的身体，也可以是时常给自己买些小礼物，等等。当你以一种自己应该得到的方式对待自己时，你对人生的态度很自然地就会变得更加乐观。

103

随时记录是认真的一种体现

● 好记性不如烂笔头，随时记录是个好习惯。

俗话说，好记性不如烂笔头，随时记录是个好习惯。

养成随时记录的习惯，这样可以保证你不遗漏重要的事情，保障后续工作有效开展。在日常工作中，有的人在领导办公室谈事，听到领导提要求、讲方案，内容多、记不住，常常会跟领导借纸和笔，这虽然能解决问题，但不符合职场规则。聪明的人，只要到领导那里请示、汇报工作，或者参加会议，都会带上笔记本和笔，及时记录下领导要求或会议精神。

　　值得注意的是，日常工作中，也有的人拿着笔，但只是做记录状，装装样子，目的是为了让领导看到自己在记录，这种自欺欺人的做法，毫无价值。

　　实习生芳芳，刚进入总公司不久，对于公司的一些流程不是特别熟悉，不过她有个好习惯，凡事都会做记录。

　　有一次总公司做营销活动，要把宣传的物料和营销用的奖品寄到分公司。到货后，分公司的人发现数量不对，少了一部分。分公司的收货人一口咬定，是总公司把发货数量搞错了。

　　幸亏芳芳有及时记录的习惯，微信、邮件等都有记录，她将之前的记录与之一一对账，之后通过有效沟通，用合理的方式督促分公司的收货人把缺少的物料补齐了。

104

领导不在时，一样工作

职场金句

● "不求有功，但求无过"的人，注定会原地踏步甚至被淘汰。

作为职场人，我们经常会纠结一个问题，那就是：我们到底是为谁而工作，是为公司，为领导，还是在为自己？从日常工作表现来看，大多数人会觉得自己是在为领导干活儿。

但其实这种思想是不正确的。一个成功的职场人士，就是一个充满热情的战士，即便领导不在场，也不需要别人提醒和监督，能够自觉做好自己的工作。"当一天和尚撞一天钟""不求有功，但求无过"的人，注定会原地踏步甚至被淘汰。

领导不在时，也一样工作，不要做表面文章。但往往做表面文章是很多职场人的习惯，只要领导在，就假装很认真、很敬业，领导外出开会或办事，立马放任自流。

不少人都有这样的想法：既然领导不在场，做了他们也看不到，岂不是白费劲，只会浪费我的时间和精力。他们的表现，就是为了让领导看。殊不知，领导也会有不经意出现的时候，这个时候领导看到的，必然感觉不同。还有，你的行为同事都看在眼里，以后领导找同事了解情况，也会暴露你的真实情况。而且，如果你长时间上班"摸鱼"，没有绩效，那最后受影响的还是自己。

真正地对工作负责，是不需要领导监督的，做好自己的工作，完成自己的任务，才是自己的立足之本。

在"工业学大庆"的时代，大庆人强调树立"三老四严""四个一样"的工作作风。其中"四个一样"是指：黑夜和白天一个样；坏天气和好天气干一个样；领导不在场和领导在场一个样；没有人检查和有人检查一个样。其实，这就是一种认真自主的工作态度。

105

拖延是不受待见的坏习惯

- 一时拖延一时爽，事到临头火葬场。

　　在领导点评下属的评语中，做事拖拉是经常出现的词，员工做事拖拉也是领导很反感的行为。深圳蛇口工业区创办人袁庚曾说"时间就是金钱，效率就是生命"，这句话就是强调办事要有效率，不拖延。

　　很多人都是拖延症患者，不喜欢做的事情总是尽量把它扔在一边，能拖多久就拖多久，直到截止日期临进，才手忙脚乱地应付一番。工作拖延的弊端是不言而喻的，它会让你的工作越积越多，完成效果大打折扣。更要命的是，它还会影响情绪、团队进度和人际关系等。

一时拖延一时爽，事到临头火葬场。所以，职场人一定要学会时间管理，按事情的重要程度和紧急程度妥善安排工作。尤其是应该及早处理既重要又紧急的工作，有些人看起来忙忙碌碌的，不是有意拖延工作，但因为不会科学安排工作，眉毛胡子一把抓，导致一些重要工作被耽误，受到领导批评后还满肚子委屈。

要克服拖延，高效工作，可以采用以下方法：

- 一点一滴地做，把大任务分解成一个个小目标去做。
- 没有"必须做"，只有"想要做"，从被迫的抵触情绪调整为主动的积极情绪。
- 走出去想办法，克服没主意。
- 给自己制定期限。
- 消除所有干扰，比如关掉手机、音乐等。
- 停止完美主义，实事求是地完成日常工作，减轻完美主义思想带来的压力。

106

发挥优势比改正缺点更重要

在现代管理学中，有一个"木桶理论"，它讲的是一个木桶能盛下多少水，并不是由组成木桶壁最长的一块木板决定，而是由最短的那块木板决定的。

很多人受木桶理论的误导，认为要想获得进步，改进自己的短板是第一要务。但从实际效果来看并非如此，扬长避短才是进步的制胜法宝。

每年考评的时候，领导或人力资源部常常会提到你的缺点，鼓励你努力并加以改正，这当然是需要的。但纵观一些人的职场发展轨迹，很少有人通过改正缺点而获得成功，更多的人是通过发挥优势而获得成功的。比如，在银行工作，你手脚不麻利，点钞不如同事快，但沟通能力强，与其天天练点钞，还不如主动做营销，提升业绩，那样会让自己发展得更好。

我读高阳先生所著的《胡雪岩全传》，常常拍案叫绝。除了对高阳先生的文笔叹服以外，对胡雪岩"量才使用，化腐朽为神奇"的本事更是佩服得五体投地。

胡雪岩身边的许多人，在别人眼中都是"败家子"，但胡雪岩照样敢用，而且还将其培养成了不可替代的特殊人才。这正是胡雪岩"取人之长，容人之短，不求完人，但求能人"用人观的最好体现。

书中讲道：刘三才因喜好赌博，将家产输了个一干二净，别人都避之不及。但胡雪岩发现他善于交际、精于享乐，于是把他带在身边。每每需要与江湖人士、达官阔少打交道的时候，就是刘三才大放异彩的时候。刘三才通过自己的一些技能，帮助胡雪岩和苏州丝行寡头庞二建立了良好关系，为胡雪岩进军丝业奠定了基础。

陈世龙原是一个整天混迹于赌场的"混混"，胡雪岩也看到了他的长处：一是这小伙子灵活，与人结交从不露怯，打得开场面；二是这小伙子不吃里扒外，不出卖朋友；三是这小伙子说话算数，有血性。正是因为这些优点，胡雪岩才将他调教成经商跑江湖的得力助手。

敢用这些"鸡鸣狗盗"之徒，并能将其调教成不可多得的人才，胡雪岩的用人之道确有过人之处。

107

职场沟通，结论先行

- 结论先行，即直接说出结论，先表明自己的认知和观点。

- 这种以内容重要性为顺序的金字塔模式，是职场中通用的表达模式。

　　职场沟通中，汇报工作、交流信息，很多人习惯做流水账，按事情发生顺序来汇报，不仅流程长、内容烦琐，而且没重点。对工作忙、时间紧的领导而言，这自然不会留下好印象，也不会收到实际效果。所以，有人总结：职场沟通，结论先行。结论先行，即直接说出结论，先表明自己的认知和观点。

这种以内容重要性为顺序的金字塔模式，是职场中通用的表达模式。这种模式的主要特点是结论先行，以上统下，归类分组，逻辑递进，先重要后次要，先全局后细节，先结论后原因，先结果后过程。就是首先把事情归纳出一个中心论点，而此中心论点可以由三到七个论据支持，这些一级论据本身也可以是个论点，被三至七个二级论据支持，如此延伸，像个金字塔。

汇报工作、回答问题、日常邮件、会议推进都能用的万能法则——PREP原则。

- P: Point = 结论先行
- R: Reason = 讲明依据
- E: Example = 具体事例
- P: Point = 重申结论

比如我们用PREP原则向别人推荐一本职场技能提升的书籍：

- Point：本书的目的是希望大家掌握××技能，这些技能能帮助大家××××。
- Reason：为什么我们需要掌握××技能呢？详细阐述理由。

• Example：列举书中比较典型的知识点，具体事例让人印象更深。

• Point：最后进行总结，再次重申书籍的亮点，点明书籍带来的价值。

用好 PREP 这个万能模式，工作汇报、年终总结等全都能够轻松解决。

108

当面沟通不可忽略

● 多见面，不仅能提高效率、提高准确度，还能增进感情。

    随着通信技术的发展，现代社会人与人之间沟通的渠道越来越多，也越来越便捷，除了电话、邮件，微信在职场沟通中的作用也越来越大。但是，工作中，重要事项还是要当面沟通，当面沟通的效果要比打电话或发信息更好。

    当面沟通，不仅能提高效率、提高准确度，还能增进感情。另外，面对面沟通时，还可以通过对方的表情、动作，以及所处场景等非语言因素来做辅助判断，进而帮助自己更好地进行沟通交流。

　　有两位同事，一位是财务部会计，一位是 IT 部门数据统计主管，两个人工作上有交集，每个月都要核对数据。

　　有一天，数据统计的主管离职了。财务会计听到后，说了一句："啊？他要离职了？我们俩对接工作四五年了，至今还没有见过面呢。"

　　两个人在一个办公楼里，楼层相差三层，走到对方的座位只需五分钟。每个月都有工作对接，而且还是比较重要的数据核对工作。这么多年居然都没有见过面……

　　后来，部门在抽查、核对这个科的项目时，发现了他们在工作对接中出现了较大金额的差错，主要原因就是两个人只是通过邮件接收、复制数据。至于这个数据背后的意义、计算的逻辑是什么，两人没有想过。

109

私下沟通比正式沟通重要

职场金句

● 要想在正式沟通中取得实际效果，离不开前期的私下沟通。

职场中，讨论问题、形成方案或决议，都会根据相关规定进行正式沟通。

但所谓"工夫在诗外"，要想在正式沟通中取得实际效果，离不开前期的私下沟通，也就是人们常说的先私下通通气，听听各方意见，达成共识后完善方案，然后进行正式沟通，做出决策。对一些议题，尤其是容易产生争议的议题，贸然上会进行正式沟通，容易产生不良后果，也不利于公司内部团结协作。

　　根据领导的想法，人力资源部在会上抛出了机关部门薪酬考核改革方案。和以前的薪酬机制相比，最大的差别在于放弃了"平均主义"，对机关部门的职员薪酬做了分层管理。属于市场营销等前端一线部门的奖金系数变成了1.3，属于后端支撑部门的奖金系数变成了1.15，而办公室、工会、行政保卫部等行政管理部门奖金系数只有1。相当于前端一线部门的奖金平均要比行政管理部门多了三成，这是因为要依赖他们完成各项指标任务。

　　但改革方案触及各方的利益实在太大，由于人力资源部没有事先和各个部门沟通，结果各部门在会上吵成了一锅粥。特别是行政管理部门几位元老级的人物更是愤愤不平。老板一看自己想打破"大锅饭"、提倡"多劳多得"的想法不被接受，也气得拂袖而去。人力资源部感受到了前所未有的尴尬。

　　幸好，人力资源部的负责人吸取了教训，会后，他找会上闹得最凶的人员一个个进行私下沟通，晓之以理，动之以情，终于达成共识，将薪酬改革方案实施了下去。

110

事先沟通重于事后沟通

职场金句

● 相比事后费时费力补救，事先积极沟通，是相对容易的一
个步骤，也是保障工作顺利推进的第一步。

笔者出版的《团队沟通：从新手到高手》一书发行后，很多读者在网上留言评论，认为这是一本难得的职场沟通教科书、百科书、说明书，对提升沟通能力帮助很大。

但实际工作中，很多人习惯等工作结束，或出现困难、产生矛盾才协调各方进行沟通。其实，如果事先进

行沟通，集聚各方智慧，统一思想认识，通过事先打招呼的方法，可以在工作中少走很多弯路，大家的满意度也会更高。

特别是工作的主导部门，要对工作内容进行分析，梳理本工作需要哪些部门参与、应分别承担哪些职责，承担难点、重点工作的是哪个部门，他们在接受工作时可能存在什么问题。要找到关键部门进行事先沟通，征求对方意见，确定合理的方案。当对方得到尊重时，更容易接受工作的分派。

相比事后费时费力补救，事先积极沟通，是相对容易的一个步骤，也是保障工作顺利推进的第一步。

老张前不久买了新房，在装修的时候想在阳台安装一个升降晾衣架，于是买来晾衣架请工人上门安装。

老张事先没有和物业管理公司及楼上邻居沟通，不了解楼上住户阳台下面是否铺设有水管或电线，就贸然让安装工人使用冲击钻在阳台顶部钻孔打洞，不慎击穿楼上住户阳台下面铺设的水管。水柱像瀑布似的倾泻下来，老张家精心改造的阳台顿时变成泽国，先前的装修前功尽弃。

倘若老张安装衣架前将功课做在前面，在施工前主

动沟通，向物业公司或楼上楼下邻居详细了解阳台的构
造，避开"雷区"，就不会发生这次既影响别人生活又
让自己家中遭殃的装修事故。

在工作中同样如此，做任何一项工作，前期的沟通
交流非常重要。事情做实做细，和其他部门达成一致，
就能让我们少犯许多错误、少走许多弯路，也就能规避
后期产生的各种纠纷。

111

书面沟通前宜先口头沟通

● 正式请示前，应先口头沟通，领导认可后行文。

● 跨部门、跨层级沟通，一个重要原则就是永远不要嫌麻烦。

　　职场中，重大事项一般都是用书面材料来请示、报告。在正式请示前，应先口头沟通，领导认可后行文，这样做一方面是尊重对方，也给对方一个思想准备，另一方面也提前就沟通事项进行交流，征求了意见，完善了方案，提高了工作的精准性，能避免做很多无用功。

特别是跨部门、跨层级沟通，一个重要原则就是永远不要嫌麻烦。在和对方口头沟通达成一致之前，不要轻易以邮件、公函的形式去处理事情，万一未达成一致，就容易形成被动的局面。

王经理的下属向王经理告状，说总部一个重要项目的新负责人拒绝把他列为该项目技术文件的审阅人员，并把拒绝的邮件转发给了王经理。王经理收到邮件一看，该新负责人就王总下属的邮件申请直接回复了几个字——不同意，没有任何进一步的解释。

王总一看到邮件上的几个字当时就气炸了。他和下属已经在这个项目上投入了一年多的时间，经验丰富，而且很有成效。现在新官上任居然连技术文件都不给他们看，而且回复如此简单粗暴，既没有说明理由，也没有事先打个电话进行解释。太欺负人了！

王总感觉有口气憋在心里，坐也不是，站也不是，后来到房间拿起枕头捶打发泄了好一会儿才缓过来。

因为新的负责人沟通方式粗暴、不积极共享项目信息、没有团队协作精神，王总和下属在以后的项目推进中总是以抵触的方式对待，使得这个项目最终失败。

112

没有森林，也要有盆景

职场金句

● 职场是残酷的，如果全面发展与领先很难，我们就要研究
如何单点突破。

职场充满着竞争，在相同的规则下，大家都在努力
拼搏，力求脱颖而出，实现职业理想。但职场也是残酷的，
要想全面发展与领先，是很难的。这个时候，我们就要
研究如何单点突破。

就以银行工作为例，全面思维关键指标考核如果不

占优势，那就要在存款、贷款甚至基金销售某个小指标上取得突破，在细分领域领先。在经济界，人们经常提到"单打冠军"这个提法，也是这层含义。

有一次，主要领导视察某单位，说："你们做的工作不少，什么都做了，但又感觉什么都没有做。"造成这一结果的原因就是没有特色，缺少让人眼前一亮、为之一振的那种内心惊叹。有了特色工作，汇报时才能拿得出手，给上级留下深刻印象。

20 世纪 20 年代，上海经济快速发展，"先施""永安""新新"等大百货公司纷纷入驻上海滩，都取得了不俗的业绩。广东中山人蔡昌不甘人后，也决定"挥师北上"，斥巨资在南京路最佳地段创立了大新公司。

如何在同质化严重的大百货公司中脱颖而出呢？蔡昌想出了一个奇招，在百货公司内安装了上海第一台自动扶梯。看到这玩意儿出现在商场里，人人称奇，都想来大新公司乘一乘自动扶梯。就这样，来参观的人越来越多，大新公司也由此名声大震，生意兴隆。自动扶梯这一创举，为也大新公司带来了滚滚人流。

113

学会补台，不要拆台

"塞翁失马，焉知非福""城门失火，殃及池鱼"都是非常有名的典故。职场作为一个特殊生态系统，其实也是同样的道理。个人作为单位的一分子，单位里其他的人和事都直接或间接与你相关联，那种"只管自扫门前雪，不管他人瓦上霜"甚至"落井下石"的员工，哪怕短期看似占了点便宜，最终都不会有好结果。

团队是一个集体，团结协作、主动补台不只是一种工作方法，更是一种品行操守、一种胸怀胸襟。互相补台，好戏连台；互相拆台，一起垮台。

工作中有人帮助补台，就可能避免错误，或是将损失降到最低。当然，补台也不是说毫无主见地盲从，更重要的是发现问题和不足，大胆提出意见，修正错误，不断完善决策；补台更不是毫无原则地迁就，对涉及个人利益的小事要讲风格，至于原则性的问题，则要敢于"拆台"，这样的拆台恰恰是为大局更好地补台。

曾经的利税大户某玻璃厂，20世纪90年代初期年利税过千万，是全市明星企业，此后，因个别领导决策失误，技术骨干在外找第二职业，工厂没有了正气，人心涣散，生产经营逐渐恶化，最终导致工厂破产、千余职工失业的悲惨局面。如果一开始就有人提出意见，或向上级反映工厂存在的问题，引起大家的关注并加以整顿，利税大户不会破产，千余职工自然也不会失业。

114

急事缓办，缓事急办

职场金句

● 人在职场，遇急遇险在所难免，能够坦然面对，急事缓办、缓事急办才是大智慧。

● 急事缓办体现的是一个人沉着冷静、深思熟虑的智慧、勇气和应变能力。

● 缓事急办显示的是一个人的工作态度、工作的计划性和条理性。

职场中，事务繁杂，很多人每天都很忙，精力、资源又有限，大家都按利益最大化原则来区分处置。首先要完成的是重要又紧急的任务，但即使不重要、不紧急的工作，也是必须要完成的，并不是说就可以忽略。比如，领导让你寄一份材料，而你正忙于起草一份报告，马上就要召开全员大会，自然，这时候要先撰写材料，但事后，材料还需要寄出。

关键时刻要学会急事缓办、缓事急办。

所谓"急事"往往是突发事件、紧急事件、影响全局的事，会让人措手不及。人在职场，遇急遇险在所难免，能够坦然面对，急事缓办、缓事急办才是大智慧。急事急办可能会忙中出错，急上加急就会漏洞百出，难以弥补。急事缓办体现的是一个人沉着冷静、深思熟虑的智慧、勇气和应变能力，遇到急事应当冷静思考、从容应对，不急于表态，不随便答复，考虑周全后再去妥善办理。

所谓"缓事"，是指常规性、日常性事务或者预先知道需要做的事，这些都是你职责内必须做的事。如统计报表、会议纪要、旬报月报等，有的人往往认为这谢是一周或者一个月以后的事，现在不用着急，以后再说，最后缓事都变成了急事，时间到了就措手不及，弄得一团糟。缓事急办显示的是一个人的工作态度、工作的计划性和条理性，对缓事要有计划，抽空及时做，不要拖延，要事先安排，以免临时抱佛脚，忙乱而又得不到好结果。

东晋十六国时期，前秦皇帝符坚统一北方势力后，率军百万在淝水驻扎，准备攻打东晋。危急关头，丞相谢安向晋帝举荐，由谢石为征讨大都督，大将谢玄、谢琰领八万精兵抗敌。

谢玄领命后问谢安计策，谢安神色平和，毫不慌张，回答说："我心里已经有谋划了。"接着就不再说话了。

于是，谢玄让张玄再去请教。

谢安干脆下令坐车去山间别墅，召集亲朋好友，以别墅为注和张玄下围棋。实际上谢安也知道棋艺不如张玄，但张玄心中害怕，只和他下了个平手，未取胜，别墅未易。

之后，谢安仍然外出游玩，到了夜里才回来，但是指挥安排各个将领，各领其职。最终，在谢安的指挥和各将士的英勇作战之下，东晋击败了前秦，取得了胜利。

谢玄在前线打败符坚后，驿站传回战报，谢安正在和客人下围棋，看完战报，就放在床上，脸上毫无欣喜之色，依旧继续下棋。

客人问他何事，他缓缓地回答说："小子们打败了敌人。"后来，人们用"围棋赌墅"这一典故来形容人遇到急事时，也能从容镇定，举重若轻。

115

抓本质、抓重点、抓关键

- 打鼓打到重心处，工作抓到要害上。
- 要把好钢用在刀刃上，一把抓不如抓一把。

你是不是也曾有过这样的感觉：早上一踏进办公室，就忙着报材料，还要下派任务，要争取费用，要调解员工矛盾，还要安排几个会议，有满满的工作在等着你，恨不得自己有三头六臂。

面对纷繁复杂的工作，切记不能眉目胡子一把抓。

要学会运用辩证法,善于"弹钢琴",牢牢把控工作的节奏、力度和质量,善于抓本质、抓重点、抓关键,切实做到"打鼓打到重心处,工作抓到要害上"。

抓本质,就是要善于透过现象看本质,知其然更要知其所以然,要深刻、系统、辩证地看问题,坚持"打破砂锅问到底",深挖细查,为工作打牢基础。

抓重点,就是要抓工作的主要矛盾和矛盾的主要方面,始终能分清主次、合理布局,以重点带动一般,不平均用力,不要"眉毛胡子一把抓",要把好钢用在刀刃上,一把抓不如抓一把,都想满把抓反倒都抓不住。

抓关键,就是要把握关键少数,掌控关键环节,认准关键时机,"射人先射马,擒贼先擒王",牵牛牵住牛鼻子,打蛇打到七寸上,牢牢把握工作主动权,集中精力,抓住不放,持续用力,善作善成。

工作中要学会"弹钢琴",可以从以下七个方面进行:

一是要心中有谱,明确目标、任务、定位和目前所处位次、所面临的短板,积极探索解决问题的办法、措施。

二是要敢于担当,积极主动地去工作,并且要做好。

三是要提升能力,善于发现问题、研究问题、解决问题。

　　四是要善于"钉钉子"，对发现的问题要跟踪、督办、落实，一个环节一个环节地盯紧。

　　五是要统筹协调，分清轻重缓急，做到补台不拆台，到位不越位。

　　六是要反思、总结，在复盘中总结、提升。

　　七是要从严从实，立足于小，立足于早，强化过程监管，步步抓落实。

116

小事也要做到极致

- "一屋不扫,何以扫天下",影响一个人成长进步的,往往都是一些小事。

- 工作不留"小尾巴",把所有事情都做到极致,也是职场制胜的秘诀。

"一屋不扫,何以扫天下",在职场中能从事轰轰烈烈大事的人毕竟很少,影响一个人成长进步的,往往都是一些小事。比如,向领导汇报一项工作,有的人手写一份材料，有的人用电脑打印这份材料，领导心中自有高低之分；有的文案甚至请假条之类的简单几个文字，居然有错别字。

在日常生活中，我们要把自己所从事的工作当成最后一道工序，无论何时何地、何种事情，你提供给别人的，永远是正品，而不是半成品，更不能是次品。哪怕领导请你发一份快递，你也要把收件人信息填准确，寄送出去后，及时告知领导及收件人。

工作不留"小尾巴"，把所有事情都做到极致，也是职场制胜的秘诀。

比尔·盖茨曾在一次电视访谈节目中说：不管做什么工作，我们都要力求把每一件琐碎的事情做得更出色，即使做了99件事都没有出现机会，也必须锲而不舍地做好第100件。只要一直坚持下去，就能为自己创造成功的机会。

日本战国大名石田三成在还没成名之前，只不过是寺庙中一名打杂的人员。一天，号称日本战国三英杰之一的丰臣秀吉从此处经过，由于口渴，丰臣秀吉走进寺庙求水喝，当时接待他的就是石田三成。

在日本，茶道是非常讲究的，因此石田三成在沏茶时特别认真，他十分用心地给丰臣秀吉准备了三碗茶，这三碗茶分别使用了三个大小不同的碗，茶温也不一样。大碗盛的是温茶，中碗盛的是稍热的茶，小碗盛的是热茶。

同样都是茶，但是碗的大小、茶的凉热各不相同，正是这点区别表现出了石田三成的独特用心。

后来，丰臣秀吉忍不住问石田三成为何要这样做，石田三成解释说："第一碗茶是温的，用大碗来盛，是给将军解渴的；第二碗茶是为了让将军品味而准备的，将军已经喝过一大碗茶，此时不会太渴了，因此茶的温度就要稍热，量也要少些；第三碗茶则纯粹是为了让将军品茗，因此奉上的茶量就更少了。"

听了石田三成的一段话，丰臣秀吉特别感动，他没想到一个在寺庙打杂的人会这么细心，不仅做事如此认真，考虑也如此周全。于是，他把石田三成安排在自己幕下，将其培养成了一代名臣。

117

冷板凳也要坐热

● 甘坐冷板凳，埋头扎扎实实做好每一件普通的小事，日积
月累，也必将有丰硕成果。

　　职场风云多变，人们在受到重用或工作进展顺利时，
时刻充满了热情，如果暂时未受到器重，感觉怀才不遇
或者工作迟迟不见成效，有些人就"做一天和尚撞一天
钟"，缺乏坚毅的信和顽强不息的精神，那自然不会有
所收获。如果甘坐冷板凳，埋头扎扎实实做好每一件普

通的小事，日积月累，也必将有丰硕成果。

上海一位在超市工作的阿姨登上热搜，只因为她干了一件事：灭蚊。这位阿姨叫浦赛红，是上海一家大润发超市的清洁管理员，主要工作就是防治有害生物，如蚊虫、苍蝇等。这份工作，她干了 13 年，岗位的存在感很低，可她没有敷衍。先是研究蚊子，日子久了总结出一套蚊子的"作息规律"。市面上的灭蚊工具不多、效果不好，她就自己想办法。眼皮底下的蚊子没有了，她还想着如何防治未来的虫害。明明不属于自己的职责范围，她却把自己的工作范围延伸到超市门口 200 米以外。她的工作很普通，但她把这普通的工作做到了极致，成为专家。超市附近的居民一到夏天，就来向她请教消灭蚊蝇的方法。

118

不要自我设限

- 自我设限可以防止自身能力不足带来的挫败感，暂时保住自我价值，但常常剥夺了设限者的成功机会。

- 任何时候，在老板已经将任务布置下来的前提下，最好的做法就是先果断接受。

在职场中，大多数人缺乏必胜的信念，因而在接受任务时自我设限、畏畏缩缩。

"自我设限"是一个心理学术语，其定义是：个体针对可能到来的失败威胁，事先设计障碍的一种防卫行为。

通俗易懂地说，就是普通人面对困难时，总是会说"我不行""我做不了"。这种防卫行为虽然可以防止自身能力不足带来的挫败感、暂时保住自我价值，但常常剥夺了设限者的成功机会。

在现代职场中，不管你乐不乐意，多多少少都会接到"不可能完成的任务"。如完成超出预期的生产目标，拿下时间极其紧张的建设项目，搞定一项困难重重的签约，等等。在困难面前，很多人都会找出各种理由退缩，但一味回避肯定是不行的，因为"职场懦夫"是永远不会得到垂青的。我们必须学会迈出自我设限的门槛。任何时候，如果老板已经将任务布置下来，最好的做法就是先果断接受，然后全力以赴去完成。

电视剧《长安十二时辰》播出后迅速火爆全网，超过 15 万人在豆瓣打出 8.6 的高分，成为当年评分最高的国产剧。

让人印象最深的是其中一个叫"张小敬"的角色，剧中这个角色是个死囚，这个杀人无数、狠辣毒绝的"五尊阎罗"，在"指挥系统断绝，多派追杀他"的死地局面下，力挽狂澜，完成了"二十四小时长安反恐、挽救全城百姓"这项几乎不可能的任务。张小敬的敬业、永不放弃、迂回找到解决方案的精神值得我们职场人士学习。